中国社会科学院国情调研特大项目"精准扶贫精准脱贫百村调研"

精准扶贫精准脱贫百村调研丛书

CASE STUDIES OF TARGETED POVERTY REDUCTION AND
ALLEVIATION IN 100 VILLAGES

李培林 / 主编

精准扶贫精准脱贫
百村调研·梅杖子村卷

党支部引领的产业扶贫之路

隋福民 / 著

"精准扶贫精准脱贫百村调研丛书"
编委会

主　编：李培林

副主编：马　援　魏后凯　陈光金

成　员：（按姓氏笔画排序）

　　　　王子豪　王延中　李　平　张　平　张　翼

　　　　张车伟　荆林波　谢寿光　潘家华

中国社会科学院国情调研特大项目
"精准扶贫精准脱贫百村调研"
项目协调办公室

主 任：王子豪
成 员：檀学文　刁鹏飞　闫　珺　田　甜　曲海燕

总　序

调查研究是党的优良传统和作风。在党中央领导下，中国社会科学院一贯秉持理论联系实际的学风，并具有开展国情调研的深厚传统。1988 年，中国社会科学院与全国社会科学界一起开展了百县市经济社会调查，并被列为"七五"和"八五"国家哲学社会科学重点课题，出版了《中国国情丛书——百县市经济社会调查》。1998 年，国情调研视野从中观走向微观，由国家社科基金批准百村经济社会调查"九五"重点项目，出版了《中国国情丛书——百村经济社会调查》。2006 年，中国社会科学院全面启动国情调研工作，先后组织实施了 1000 余项国情调研项目，与地方合作设立院级国情调研基地 12 个、所级国情调研基地 59 个。国情调研很好地践行了理论联系实际、实践是检验真理的唯一标准的马克思主义认识论和学风，为发挥中国社会科学院思想库和智囊团作用做出了重要贡献。

党的十八大以来，在全面建成小康社会目标指引下，中央提出了到 2020 年实现我国现行标准下农村贫困人口脱贫、贫困县全部"摘帽"、解决区域性整体贫困的脱贫攻坚目标。中国的减贫成就举世瞩目，如此宏大的脱贫目标世所罕见。到2020年实现全面精准脱贫是党的十九大提出的三大攻坚战之一，是重大的社会目标和政治任务，中国的贫困地区在此期间也将发生翻天覆地的变化，而变化的过程注定不会一帆风顺或云淡风轻。记录这个伟大的过程，总结解决这个世界性难题的经验，为完成这个攻坚战献计献策，是社会科学工作者应有的责任担当。

2016年，中国社会科学院根据中央做出的"打赢脱贫攻坚战"战略部署，决定设立"精准扶贫精准脱贫百村调研"国情调研特大项目，集中优势人力、物力，以精准扶贫为主题，集中两年时间，开展贫困村百村调研。"精准扶贫精准脱贫百村调研"是中国社会科学院国情调研重大工程，有统一的样本村选择标准和广泛的地域分布，有明确的调研目标和统一的调研进度安排。调研的104个样本村，西部、中部和东部地区的比例分别为57%、27%和16%，对民族地区、边境地区、片区、深度贫困地区都有专门的考虑，有望对全国贫困村有基本的代表性，对当前中国农村贫困状况和减贫、发展状况有一个横断面式的全景展示。

在以习近平同志为核心的党中央坚强领导下，党的十八大以来的中国特色社会主义实践引导中国进入中国特色社会主义新时代，我国经济社会格局正在发生深刻变化，脱贫攻坚行动顺利推进，每年实现贫困人口脱贫1000多万人，贫困人口从2012年的9899万人减少到2017年的3046万人，在较短时间内实现了贫困村面貌的巨大改观。中国社会科学院组建了一百支调研团队，动员了不少于500名科研人员的调研队伍，付出了不少于3000个工作日，用脚步、笔尖和镜头记录了百余个贫困村在近年来发生的巨大变化。

根据规划，每个贫困村子课题组不仅要为总课题组提供数据，还要撰写和出版村庄调研报告，这就是呈现在读者面前的"精准扶贫精准脱贫百村调研丛书"。为了达到了解国情的基本目的，总课题组拟定了调研提纲和问卷，要求各村调研都要执行基本的"规定动作"和因村而异的"自选动作"，了解和写出每个村的特色，写出脱贫路上的风采以及荆棘！对每部报告我们都组织了专家评审，由作者根据修改意见进行修改，直到达到出版要求。我们希望，这套丛书的出版能为脱贫攻坚大业写下浓重的一笔。

中共十九大的胜利召开，确立习近平新时代中国特色社会主义思想作为各项工作的指导思想，宣告中国特色社会主义进入新时代，中央做出了社会主要矛盾转化的重大判断。从现在起到2020年，既是全面建成小康社会的决胜期，也是迈向第二个百年奋斗目标的历史交会期。在此期间，国家强调坚决打好防范化解重大风险、精准脱贫、污染防治三大攻坚战。2018年春节前夕，习近平总书记到深度贫困的四川凉山地区考察，就打好精准脱贫攻坚战提出八条要求，并通过脱贫攻坚三年行动计划加以推进。与此同时，为应对我国乡村发展不平衡不充分尤其突出的问题，国家适时启动了乡村振兴战略，要求到2020年乡村振兴取得重要进展，做好实施乡村振兴战略与打好精准脱贫攻坚战的有机衔接。通过调研，我们也发现，很多地方已经在实际工作中将脱贫攻坚与美丽乡村建设、城乡发展一体化结合在一起开展。可以预见，贫困地区的脱贫攻坚将不再只局限于贫困户脱贫，我们有充分的信心从贫困村发展看到乡村振兴的曙光和未来。

是为序！

全国人民代表大会社会建设委员会副主任委员

中国社会科学院副院长、学部委员

2018年10月

前　言

我一直是研究中国近现代农村经济的，因此，对中国农村的社会经济发展一直比较感兴趣，也坚定地认为，中国农业农村的现代化牵动着中国社会经济的神经。中国农业农村发展是实现"四化同步"的重要内容，也是党中央和国务院的重点关切。后来得知中国社会科学院农村发展研究所牵头要在全国进行100个村的精准扶贫精准脱贫情况调查，我觉得这是一件非常有意义的事情，对于学术研究也是如此。于是，就主动申请做一个这样的课题。本来计划调查我的家乡，辽宁省阜新蒙古族自治县旧庙镇后查台村，一个小小的村庄，那是我出生长大的地方，这个村的村主任也非常欢迎我去做调查，但后来得知它不是全国级贫困村，只好作罢。本次计划调查的村原则上是国家级贫困村。

后来经过一番研究和调查，我们最终选定辽宁省葫芦岛市建昌县石佛乡梅杖子村作为调查对象。这一村庄距离我的家乡也不算太远，风俗习惯包括生产生活方式有很大的相似性。这为我的调查奠定了较好的基础。这个村子也非常有代表性，辽西普通的山村，资源禀赋不是很好，周围都是山，地也都是旱地，收入水平也不高。而在全国性的精准扶贫精准脱贫活动中，他们的所作所为具有一定的代表性，得到了国家和辽宁省的重视。本次调查有设计好的问卷，这让我们的调查工作有了抓手，从工作角度而言，进行问卷调查也是任务中的必选项。

事实上，辽西虽然是我的故园，但朝阳市抑或是葫芦岛市的很多县我都没有去过，小时候听说过一些，比如建平县，过去农村家里使用的火柴都是建平生产的，比如喀左，是少数民族自治县，也是红山文化的故乡，但这些地方都是听说，从来没有踏足过。这一次，选定梅杖子村，倒是让我有了进一步了解辽西农村的机会。因此，我觉得这次的调查对我来说也是学习的机会。

两次去梅杖子村，通过与农户、村干部等人的交流，实地查看，我对这一地区的农村有了更进一步的认识。与我的家乡比较，这里的山更高、土地更加不平整，尽管总体来说，辽西都属于山地丘陵地貌，但我们家乡的山都不高，准确地说都是坡或者沟，而这里的山，耸立于地面之上直指天空，有种空灵感环绕在你左右，这里也有庙宇。我每次都是匆匆去匆匆回，因此没有机缘浏览这里的风光和人文，只是听当地的村干部讲一讲。去过他们的村委所在地，地方倒是挺宽敞的，比我们家乡的要宽敞，这两年建设得也不错，院内还有花坛，在周边还架起了一块展板，上面有梅杖子村的远景规划，以及目前取得的一些成绩，大概是方便人来参观考察吧。这地方虽然小，但来了很多领导干部，包括国务院扶贫办主任刘永富以及原辽宁省委书记李希等。

村党支部书记段国军算得上一个健谈的人，问他什么，都能对答如流，对村里的情况也非常了解，甚至哪家哪户什么样他都比较清楚。不过遗憾的是，他们村留下来的资料实在是少得可怜，几乎什么资料都没有，不论问什么，都是村干部的口述。这应该说，让我们的报告撰写没有什么捷径可走，也没有什么可以偷巧的办法。实际上，这给我们造成了很大困难。

我也走访了这里的农户家庭。房屋内部结构以及院落布局都和我的家乡十分相似，一般都是盖上五间、四间或者三间瓦房，有的左右对称，有的不对称，对称的多，进了屋门一般都是两边各一个灶台，然后里屋是炕，炕的对面摆着一些家什。院子以方正为首要，形状规则，厕所和牛羊圈舍都在院子的角落。这里的人均土地数量比我的家乡要少，院落外面紧挨着耕地，耕地里种植的玉米、向日葵都能把脑袋伸到院里。土质看起来和我的家乡差不多。

这里的人讲话我也能完全听懂，一些俗语与我的家乡也很类似，因此，在调研和聊天中没有任何障碍。村两委班子较忙，有各种各样的事情，东家牛的事情，西家井的事情，总之村里有大事小情都会打电话找他们。调研过程以及问卷调查总体上都算顺利，村干部很负责，包括党支部书记、村主任、会计、妇女委员等。村里的被调查户以及普通农户的态度都很友好。

这次调查工作的重点是精准扶贫精准脱贫。我们课题组查看了建档立卡户的档案，看上面的每一条记录，里边记下了农户的人口、收入等基本情况，也记录了村干部如何与他们沟通、如何发展产业的情况，很生动，也很具体。我了解了扶贫的总体进展情况，也看了他们的牛棚以及他们村的养殖场，其间还有其他县市村镇干部前来考察，我们都进行了交流。

总之，通过两次深入调查，我对这里的扶贫情况有了较为系统的了解，梅杖子村是全县126个贫困村的典型，其贫困问题及精准扶贫精准脱贫工作实践是建昌县工作实践的缩影。通过研究我们也认为，农村扶贫必须要精准，这个精准的含义不仅仅是扶真正的贫者，还包括精准施策。没有一个好的适宜本地区的产业，扶贫的效果也会大打折扣。当然，这一切的工作都离不开人、离不开组织，对于农村来说，党支部和党支部的带头人支部书记也非常关键。

目 录

// 001　第一章　关于调查村和调查户
　/ 003　　第一节　调查村的历史及社会经济发展
　/ 012　　第二节　调查户的选择

// 017　第二章　何以致贫
　/ 020　　第一节　健康状况、受教育水平、务工方面的调查
　　　　　　　　　与比较
　/ 034　　第二节　生产和生活条件的调查与比较
　/ 041　　第三节　收入和消费的调查与比较
　/ 060　　小结：致贫原因

// 071　第三章　梅杖子村的脱贫经验
　/ 073　　第一节　扶贫与脱贫：村干部与贫困户的共同努力
　/ 100　　第二节　脱贫经验
　/ 124　　第三节　基于经验的思考

// 147　第四章　未来发展的建议

// 163　附　录

　　/ 165　　附录一　建昌县外出务工人员情况

　　/ 168　　附录二　2018年建档立卡贫困户小型家庭产业脱
　　　　　　　　　　贫项目补助实施方案

// 173　参考文献

// 175　后　记

第一章

关于调查村和调查户

第一节 调查村的历史及社会经济发展

一 历史与地理

我们所调查的村子是辽宁省建昌县石佛乡梅杖子村。翻开中国地图或者辽宁省地图，会发现在辽西地区叫杖子的地名特别多，什么李杖子、王杖子、卢杖子、高杖子、丁杖子、袁家杖子，这反映了这个地区独特的历史风貌。辽宁省村屯地名绝大部分来自清代，清初行八旗制度，修柳条边，出现不少与八旗、牛录、边门有关的地名。18世纪以后，大量移民入境开垦，经济迅速发展，人口大量增长，形成各种村屯聚落，出现复杂的地名类型。如军屯民垦形成的屯、村、庄、家、家子，以及与边防军事有关的营、营盘、寨、镇，也有以开垦初期简陋住所包括窝棚、窝铺、杖子、马架等进行命名的。①以杖子为村名的特别多，梅杖子就属于其中一个。

梅杖子村属于建昌县。建昌县位于辽宁省环渤海经济圈内，隶属辽宁葫芦岛市，位于葫芦岛市西北部。东邻连山区、兴城市，南连绥中县，西北接凌源市，西南与河北省的青龙县接壤，北靠喀左、朝阳两县。建昌县地处辽西丘陵山区，燕山山脉延伸于此。地势西北高、东南低。松岭山脉呈东北西南走向，贯穿本县。最高峰大青山，海拔1223米，有"辽西屋脊"之称。

发源、流经县境的河流有40多条，主要河流有大凌河、六股河、青龙河、黑水河。大凌河又称东北的"黄河"。建昌县属北温带亚湿润季风型大陆性气候，光照充足，四季分明，年平均气温8.2℃。

建昌县县域总面积3195平方公里，人口63万，有汉、蒙、满、回等25个民族。全县27个乡镇、1个经济开发区，共276个行政村。建昌县域面积较大，村与村、屯与屯之间距离较远，而且多为丘陵、坡地。

建昌县的经济在辽宁省处于下游水平，工业不发达，主要依赖于农业和矿业。建昌属农业县，有耕地83万亩，年产粮食5亿斤，以玉米和各种杂粮为主。全县林地面积134亩，森林覆盖率达28.9%。主要林木种类有杨、柳、

---

① 张大东主编《辽宁省地理》，辽宁人民出版社，1995，第12页。

榆、松、柏、桑、银杏、水曲柳、杜鹃等22种乔木和灌木。全县有草场179.5万亩，以黄牛饲养为主导的畜牧业取得了显著的成效。

在矿产资源方面，建昌矿藏丰富，目前境内已探明矿藏七大类29个品种。主要有黑色金属锰、铁、磁铁、赤铁等，有色金属金、银、铝、锌、铜、硫铁、钼；非金属石灰石、氟石、珍珠石、大理石、花岗岩等。其中以硫铁、金、银、锰、铁最为丰富。主要工业部门有采矿、冶炼、发电、建材、印刷、化肥、机械制造、纺织、造纸、酿酒和陶瓷等。

建昌县不仅拥有得天独厚的自然资源，还有丰富的历史人文资源。建昌县古生物化石产出层位多，分布广，门类齐全，储藏量大，和朝阳、锦州等辽西化石藏量比较多的邻市相比，建昌县的古生物化石比较好地保存在地下。

在建昌县发现的山嘴子红山文化遗址可与牛河梁红山文化遗址齐名，它不仅把中华文明史提前了近1000年，还把建昌县的人类生活、生产的文明史提前了2000多年。建昌县东大杖子春秋战国时期古墓群，是目前在我国发掘规模最大的春秋战国时期古墓群。

建昌是革命老区，是红色旅游基地。东北地区第一个党支部就诞生在要路沟乡大张台子村。建昌是东北沟通华北的战略要地，抗日期间东北军与抗日义勇军在境内多处设防。

此外，建昌民间鼓乐、大鼓、灯官秧歌已被列入辽宁省非物质文化遗产。丰富的自然和人文资源是建昌发展的强大底气所在。但是，优势资源的利用效率和质量仍有待优化和提高。

石佛乡位于县政府驻地东5公里处，东经119°52′、北纬40°51′，白狼山北麓，北与喀左十二德堡乡和南公营子镇交界，东与玲珑塔镇毗邻，南隔白狼山与巴什罕、黑山科和雷家店三乡相望，西与牤牛营子乡接壤。辖区面积74.35平方公里。

1949年新中国诞生后，建昌各级相继正式建立了人民政权，这里的大北杖子、杨树沟、汤土沟、石佛、梅杖子、大杖子、金杖子、柳条沟行政村归属第一区（城乡）管辖。1951年开展了互助合作运动，先后组织互助组100余个。到1955年底，在互助组的基础上建立了30个农业生产合作社。

1956年撤村并乡，由原来的区村制改为区乡制，当时的宝道沟、柳条沟、大杖子乡归属城乡区管辖。1958年春体制调整，将宝道沟、柳条沟、大杖子3个乡并为石佛乡，仍属城乡区辖。同年秋撤区并乡，撤销城乡区，将石佛乡所属并入建昌镇，同时实现了人民公社化，实行了政社合一的管理体制。此时这里的大杖子、石佛、宝道沟、汤土沟4个管理区归建昌镇公社所辖。

1961年成立石佛公社。1964年社队调整，撤销什大营子公社，将其所属的姚杖子、大杖子、侉子庄3个大队划归石佛公社辖。1966年从杨树沟大队划出一个立新（上胡仙沟）大队。

1983年撤销公社，设立石佛乡。

2003年依据《葫芦岛市调整村级规模实施方案》，将大杖子村与姚杖子村合并，村名为大杖子村。立新村、侉子庄村、石佛村三村合并，村名为石佛村。

经建昌县人民政府同意，石佛于2011年申请镇建制。

石佛乡现有8个村民委员会，分别是石佛村、白狼山村、柳条沟村、张家店村、灰窑子村、梅杖子村、槐树沟村和大杖子村。

石佛乡地势南高北低，南为辽西第二高峰白狼山主峰，海拔1140.2米，北为低山丘陵地貌，境内山谷纵横，耕地较少，属于北温带季风气候区，水系为大凌河支流，水量较小，有小Ⅲ型水库两个。白狼山原名大黑山，现已更名为建昌县白狼山省级自然保护区。

白狼山的自然景观丰富，奇峰异石令人向往。自然景观有大猴山、小猴山、白狼石、双人石、燕儿洼、石井、溶洞、天然卧佛等。白狼山森林资源丰富，有林面积5万亩，森林蓄积量9万立方米，有各种植物81科240属348种，并有众多野生药材、野果、动物资源。

梅杖子村位于建昌县石佛乡东北部，北与朝阳市喀左县接壤，S225线贯穿全境，距S306线2公里、S26高速公路和建昌食品产业园区4公里，交通还算便捷。总面积6.4平方公里，耕地面积2800亩，山场面积3800亩，属于"两岭夹一沟"，辖10个村民小组（5个自然屯），共386户1645口人，其中党员36名。5个自然屯即梅家杖子、宝道沟、梅杖子村、张杖子、北岭，呈狭长分布。梅杖子村过去属于朝阳市，现在划归为葫芦岛市。

二 社会经济发展及贫困状况

建昌县以"生态立县、农业富县、工业强县、旅游兴县"为发展战略,多措并举,稳步推进。近年来,经济发展保持比较稳定的增长速度。

"十二五"期间,全县地区生产总值累计303.5亿元,较"十一五"增长47%;一般公共预算收入累计完成25.3亿元,较"十一五"增长60.4%;全社会固定资产投资累计完成200.8亿元,较"十一五"增长48.6%。2016年,全县地区生产总值实现65.4亿元,同比增长3%;一般公共预算收入完成2.86亿元,按可比口径计算,同比增长1.06%;全社会固定资产投资完成9.6亿元,同比下降8.7%;农民人均可支配收入实现10749元,同比增长6.8%。

建昌是农业大县,主要种植玉米、高粱、谷子等大田作物。在产业结构方面,建昌以二、三产业为主。第一产业受自然条件(耕地面积、旱涝灾害等)限制,占比呈逐年下降趋势。"十二五"期间,建昌遭受了三次严重的旱涝灾害,农业损失巨大;在宏观经济步入新常态后,建昌以矿产资源开发利用为主的县域工业受到严重影响;服务业在整体经济发展不景气的情况下,呈现较好的发展势头,累计实现增加值134.2亿元,GDP占比达到44.2%,成为县域经济的支撑产业。2016年,建昌县坚持把稳增长作为经济工作的重中之重,综合施策,主动作为,经济发展动力逐步转换,质量、效益进一步提升。

农村经济实现新发展。基本农田得到有效保护，完成了61.8万亩土地确权登记测量工作。扎实推进农业产业结构调整。调减玉米播种面积5万亩；完成山杏直播10.5万亩，栽植经济林2.68万亩；发展绿色家庭农场310个，创建有机杂粮生产基地1948亩，与北京钓鱼台食品生物科技有限公司签订正式合作协议，有机转换期小米已打入北京高端食品市场。工业经济增添新动力。支持工矿企业发展，锰矿恢复生产工作正在推进，8家矿业选矿厂改扩建工程完工，正源矿业活性灰项目开工，建元膨润土项目进展顺利，非金属产业园建设正在积极推进。服务业实现新跨越。全县旅游总体规划初稿完成，梨花源晋升3A级景区，白狼山、画廊谷、桃花源获批省级地质公园。

这一地区在辽宁省属于相对贫困地区[①]，建昌县曾经是国家级贫困县。1998年随着国家扶贫重点向中西部转移，建昌县退出国家级贫困县行列，但由于经济发展滞后仍被辽宁省确定为省级扶贫开发工作重点县，是全省15个省级扶贫开发工作重点县之一，贫困程度列全省之首。曾几何时，建昌县人均GDP不足全省平均值的1/6，

---

① 辽宁省的贫困人口集中分布在辽西北地区（昌图县、康平县、法库县、义县、北镇市、黑山县、阜新市区、阜蒙县、彰武县、朝阳市区、北票市、凌源市、朝阳县、建平县、喀左县和建昌县）共16个县（市、区）和辽东山区（西丰县、清原县、抚顺县、新宾县、本溪县、桓仁县、宽甸县、凤城市、岫岩县）共9个县（市）。2011年全省建档立卡统计报表数据表明，全省年人均纯收入2200元以下贫困人口共计129.58万人，其中辽西北地区共计71.3万人，占55.02%，辽东山区鞍山市、本溪市、丹东市共计28.92万人，占22.32%。贫困人口绝大多数生活在偏远山区、土地沙漠化以及禁止开发的生态保护区内，居住分散、交通不便、自然环境恶劣、基础设施薄弱、生产方式落后。

农村居民纯收入只有1200元左右,扶贫难度可想而知。63万人口中有53万人是农村人口,贫困人口曾达7万多人。自1998年开始,历任辽宁省委书记相继重点帮扶建昌县。

2000年前,县级财政捉襟见肘、入不敷出,拖欠公务员和教师工资是常有的事。为缓解县乡财政困难,从2005年起中央财政安排150亿元,对困难县乡实行"三奖一补"政策。辽宁省也出台了一系列政策措施,加大对县级财政的支持力度,确保基层政权运转,激励县域经济发展。2004年,省里转移支付6000万元,补上了建昌县财政收入与支出的资金缺口;省市财政又拿出3000万元,解决县里的拖欠工资问题;省里增量返还县里增值税、营业税等5个税种收入1200万元。最近这些年,建昌县经济快速发展,全县面貌逐渐发生变化。

经过多年的扶贫工作,全县贫困人口由2010年的20.3万人减少到2015年的5.78万人,成效显著,涌现了梅杖子村、青牛山村等众多脱贫示范典型。

党的十八届五中全会提出到2020年要实现全部贫困县摘帽,建昌县自然也位列其中。为此,建昌积极推动精准扶贫工作,有效推动建档立卡工作的落实,创新出贫困户识别的"八步工作方法"和"三短一长"四个公示制度。截至目前,已顺利完成全县126个贫困村的建档立卡工作。

建昌现有农村低保对象9719户(20830人),按照葫芦岛市自2015年7月1日起实施的农村低保标准规定,建昌县农村低保标准为每人每年 2820 元。据悉，2016 年葫芦岛市农村低保标准将提高 15% 以上，[①] 届时建昌农村低保标准将有望提高到每人每年 3243 元。另外，农村低保户还将在子女入学、新农合和养老费缴纳等方面享受减免照顾。在精准扶贫工作开展过程中，这些低保户将被列入精准扶贫名单。但实践证明，一些农村低保户存在"安于现状，不思进取"的状况，拒绝参与到脱贫实践当中，阻碍精准扶贫工作顺利开展。

梅杖子村所处的朝阳一带是辽西的贫困山区，丘陵起伏，坡耕地断断续续在山脚倾斜着。这里土地贫瘠，常年干旱缺水。过去经常是缺粮缺柴。乡亲们长年累月地在地里劳作，好年景，一年到头壮劳力才能挣四五十元。遇到"老天爷发威"，连种子都打不回来，吃粮靠国家返销，花钱靠国家贷款。改革开放后，情况有所好转，吃粮烧柴问题解决了，但是不富裕。总体上看，这里产业结构单一，自然生产条件不好，主要农作物为玉米。村民收入以种地、打工、养殖为主，村内无集体收入。交通不够便利。从葫芦岛坐公交车可以到建昌，然后再打车或者坐公交车可以到梅杖子村，但车次不多。

梅杖子村属于贫困村。这里的农户同样不富裕，2014 年底，全村有贫困户 92 户 277 人[②]，2015 年脱贫 17 户 67 人，2016 年脱贫 55 户 177 人，其余 20 户 33 人政策兜底，

[①] 朱勤:《今年辽宁省城乡低保标准平均提高 7%》，《辽宁日报》2016 年 5 月 14 日。

[②] 另一份材料表明，2014 年建档立卡为 89 户 260 人，其中一般贫困户 52 户 167 人，低保户 37 户 93 人。

农民人均纯收入达到5300元,全村已经实现整体脱贫。总体而言,这里经济相对落后,最早开展扶贫工作的那一年,全村有1/5的农户为贫困户。该村为葫芦岛市政法委帮扶的重点贫困村。

第二节 调查户的选择

一 调查户总体情况

调查是2017年进行的。我们共计调查了70户(这70户的选择是村会计协助共同完成的),其中34户为贫困户,36户为非贫困户。

在34户贫困户当中,一般贫困户占比为47.05%(16户),其他低保户为18户。这34户贫困户当中,不包括五保户。五保户一般都是无儿无女、没有结婚的农户,有男光棍、女光棍。我们调查的34户,没有这样的家庭。低保户比贫困户还要困难一些。总体来看,这些农户都是老实巴交的农户,收入来源主要是农业,只有个别的是外出务工。农户对调查比较配合,村会计掌握村里的主要情况,为调查的顺利完成做出了贡献。贫困户也被称为建档立卡户。

二 调查户的贫困情况及扶贫后的改变

我们也观察了个别贫困户的房屋和庭院,还照了照片。在这里放上几张,从中可以看出他们的贫困程度。其中最典型的一户是这样的,房屋低矮,水泥造面,几乎没有庭院,窗户也是老旧的,一些破烂农具斜倚在房屋前面墙边(见图1-1)。屋内的设施也很差,被褥、家具都是破旧的。总之,看到这些,我们觉得,精准扶贫工作真的是必要的,否则,这样的农户根本没有能力改变现状。

图1-1 2017年梅杖子村一贫困家庭的房屋情况(两侧)
说明:本书照片,除特殊标注,均为隋福民拍摄,2017年7月。

我们也参观了一些借助精准扶贫政策富起来的农户。他们盖了新房(见图1-2),院子收拾得也不错。有的院子还用砖铺了地。虽然四周的院墙还差一些,但生产生活已经能够得到基本保障。他们感觉很幸福,总认为如果不是国家的好政策,他们可能一时半会还住不到这样的好房

图1-2 2017年梅杖子村通过精准扶贫政策富起来农户的新房

子。对于未来,由于有了养牛这个营生,国家贷款也给予支持,让他们有了信心。

这里也有一些贫困户是孤寡老人。这些人多半都是住在老房子中。而这些老房子有些是20世纪60年代修建的,屋里黑漆漆的,里面堆的都是垃圾和破烂东西,非常乱,家里生活条件较差,地也是黑黢黢的。唯一能感受到一些现代生活气息的是,家里都有电视机,有的还是黑白电视机。有些老人患病,常见的就是脑血栓。他们有的人常年卧床,无稳定收入,孩子常年在外打工,收入也不高。这些人在没患脑血栓时,通过种地、放羊的收入维系家用尚有结余;患脑血栓后,失去劳动能力,家庭收入几乎断绝!有的家里还有第三代,有的第三代还在上学,由于老人常年服药,开销不小而整个家庭收入少,因此生活很拮据。村里主动为这些人办理了低保,他们就依靠政府每月的低保金维持生活。

通过观察和走访贫困户,我们深深地感觉到,对这些贫困家庭的帮助是一项长期而艰巨的任务。要建立起一整套完善的社会保障机制、关怀机制,持续地对其进行帮助。贫困户陷入贫困不是他们自己刻意造成的,处于困境的人,心灵极为脆弱,社会的及时帮助和关怀,是让陷入贫困的人们看到曙光、重塑生活信心的有效手段。而且,我们也觉得,关心这些弱势群体,不仅要在物质上给予帮助,更要在精神上给予鼓励。要根据贫困居民的具体情况,力所能及、真心实意地帮助他们解决一些实际困难,让贫困户切实得到帮助,才能让精准扶贫起到应有的作用。

第二章

何以致贫

精准扶贫首先要找到致贫的原因。我们首先借助问卷调查的数据量化分析这里致贫的原因。尽管我们的调查样本不多，但是也能看出一些端倪。然后，基于访谈以及其他一些相关知识，再进一步思考致贫原因。总体上说，我们的假说是健康情况、教育水平以及家庭的原生条件在致贫中扮演了重要角色。当然，每一个家庭都有独特的致贫原因，另外，村集体整体发展的滞后、产业结构的单一以及非农就业机会的有限，等等，都是致贫原因之一。我们也在这个层面上对致贫原因进行了归纳。分析致贫原因很有意义，因为正如前文所述，建昌县是辽西的典型贫困县，而梅杖子村又是建昌县比较典型的村庄，分析清楚其致贫原因，也就了解了整个建昌县的致贫原因。

首先看34户建档立卡户和36户非建档立卡户的比较。

通过比较，我们能具体地观察到农户致贫的原因。当然，其中有一个互为因果的问题，即一方面有可能是健康、教育水平等导致家庭贫困，另一方面也有可能是父辈的家庭贫困导致家庭成员的健康和教育状况相对较差，从而让贫困跨代延续。我们认为这两种因果联系在梅杖子村可能都存在。

第一节　健康状况、受教育水平、务工方面的调查与比较

我们通过调查问卷采集到的数据对建档立卡户和非建档立卡户进行了比较。建档立卡户就是贫困户，非建档立卡户为村里的一般农户，即非贫困户。两种农户的选择我们都是相对随机的。初步发现，建档立卡户和非建档立卡户在健康状况、受教育水平、婚姻幸福情况等诸多方面都存在差别。我们先比较了户主情况，又比较了除户主之外的家庭人口情况。总体上看，都有差别。

一　户主在教育、健康以及务工方面的差别

从户主受教育水平上看，我们发现，建档立卡户的受教育水平相对较低。非建档立卡户的户主文盲比例为5.56%，而建档立卡户则为11.76%；非建档立卡户户主

的小学比例为8.33%，而建档立卡户则为32.35%；非建档立卡户户主的初中比例为80.55%，而建档立卡户则为55.88%；非建档立卡户还有一定比例的高中、大专及以上学历者，而建档立卡户则没有（见图2-1）。

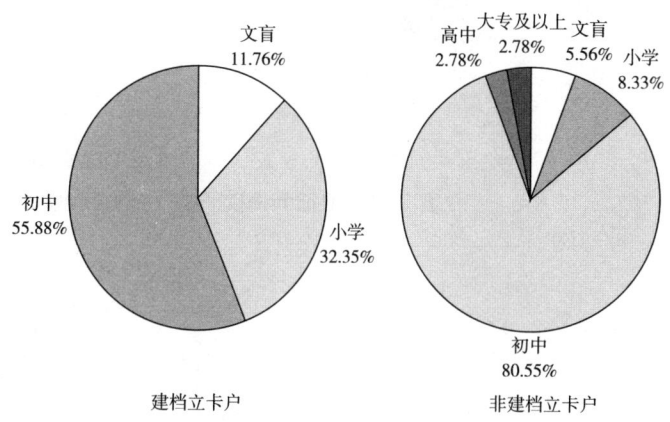

图2-1　2016年梅杖子村户主受教育水平

资料来源：精准扶贫精准脱贫百村调研梅杖子村调研。

说明：本书统计图，除特殊标注外，均来自梅杖子村调研。

建档立卡户的家庭不幸福者居多。从调查情况来看，在34户建档立卡户中，户主已婚的占55.88%，丧偶的比例为35.29%。除此之外，还有离异者占5.88%，未婚者占2.94%；而对于36户非建档立卡户户主来说，已婚的比例为97.22%，离异者占2.78%，没有丧偶和未婚的情况（见图2-2）。无疑，丧偶、离异以及未婚都是家庭不幸福的表现。

被调查的34户建档立卡户都是普通村民，而非建档立卡户中，普通村民占比为75%，村干部占比为19.44%，村民代表占比为5.56%（见图2-3）。当然，并不能说，当上村干部或者成为村民代表让农户致富了，很有可能是由于他们有较强的致富能力，才被选举为村干部或者村

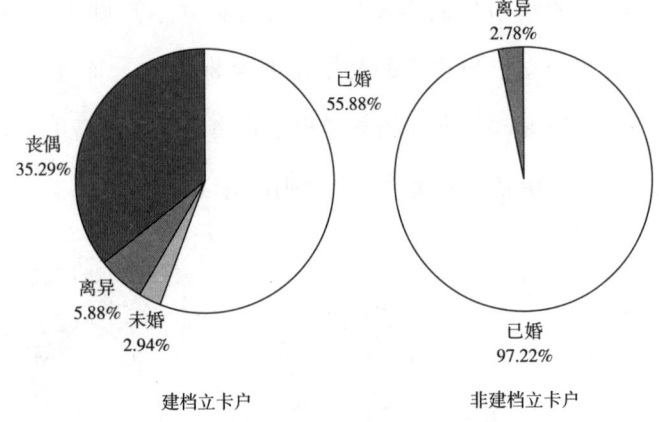

图 2-2 2016 年梅杖子村户主的婚姻情况

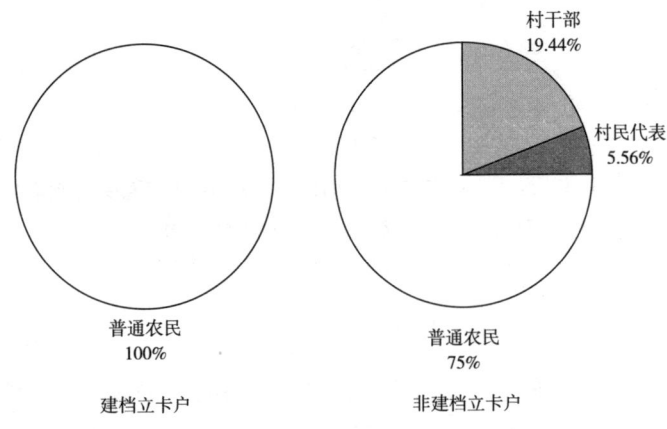

图 2-3 2016 年梅杖子村户主的社会身份

民代表,成为村里所谓"有头有脸"的人。从访谈的情况看,这种情况居于主要。比如,村主任老林,就是养牛能手,依靠养牛,买了一辆价值十几万元的轿车。村里的养牛技术多为老林传授的。

建档立卡户户主的健康状况也不如非建档立卡户。从调查结果来看,建档立卡户中户主健康的比例为 67.65%,残疾的比例为 20.59%,患长期慢性病的比例为 8.82%,患大病的比例为2.94%；而对于非建档立卡户来说，97.22%的户主都是健康的，只有2.78%的户主患有长期慢性病（见图2-4）。除此之外，我们还精细计算了两组的差别。我们发现，建档立卡户的家庭平均人口为3.32人，平均每户患病人口为0.76人，而对于非建档立卡户，家庭平均人口为3.78人，而平均每户患病人口为0.17人，可见，建档立卡户的健康状况远不如非建档立卡户。对于农村来说，尤其是相对贫困的农村，大多数农民到了一定年龄之后都有大大小小的病，这一方面是因为农活较累，另一方面由于农户收入水平低，没有资金支持体检、养病。多数都是小病扛着，扛不住才去医院或者村医那里搞点药吃一吃，或者住一下院，有的能根治，有的不能，于是小病变成大病，大病治不了了，便走到人生的终点，有的没死，就只能承受长期慢性病的折磨。问卷调查显示了这里的主要患病种类有肢残、身体弱、高血压、肺病、呼吸道疾病、脑出血、智力残障、聋哑、精神残障、胃癌、尿毒症、多动症、肾病综合征、腰椎病、脑

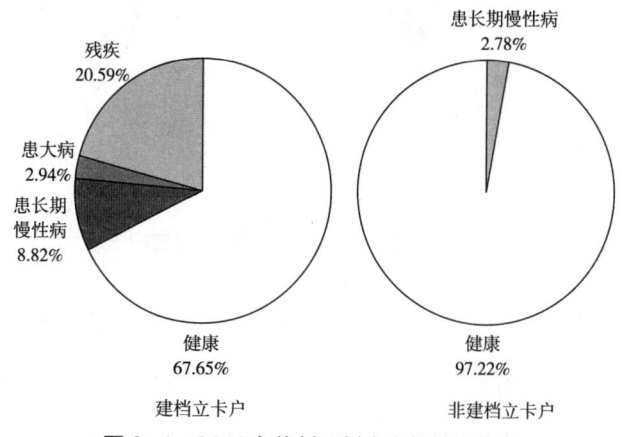

图2-4　2016年梅杖子村户主的健康状况

血栓、子宫肌瘤等。

由于健康状况不同,劳动能力自然也就不同。建档立卡户的户主劳动能力总体上不如非建档立卡户。从调查的结果看,对于建档立卡户而言,部分丧失劳动能力的户主占比为20.59%,有自理能力但无劳动能力的占比为11.76%,普通全劳动力占比为64.71%,技能劳动力占比较小,仅为2.94%;而非建档立卡户的户主中技能劳动力占比则高得多,为33.33%,有自理能力但无劳动能力的为2.78%,普通全劳动力占比为63.89%,没有丧失劳动能力的农户(见图2-5)。户主是一家的顶梁柱,对于农村来说更是如此。如果户主的劳动能力欠佳,这家的日子就很难过起来,除非户主头脑好使,有一定的算计,但多数农户都做不到这一点。

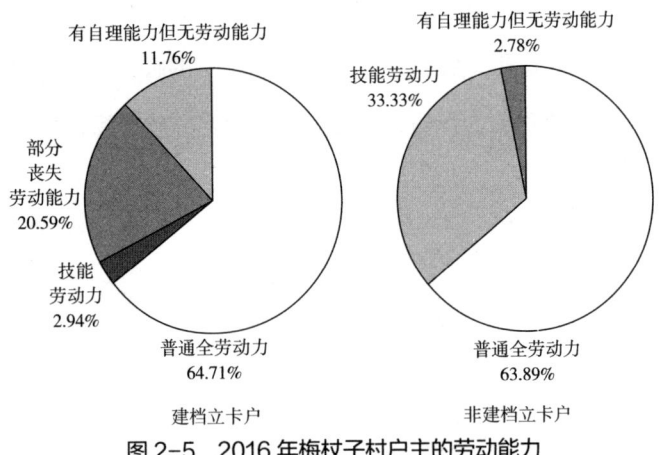

图2-5　2016年梅杖子村户主的劳动能力

由于劳动能力相对较差,因此,建档立卡户户主在家时间也会长一些。在我们所调查的建档立卡户中,在家时间为6~12个月的比例为88.24%,3~6个月的比例为5.88%,

3个月以下的比例为5.88%。而对于非建档立卡户来说，在家时间不足3个月的占比为55.56%，3~6个月的占比为11.11%，而6~12个月的占比为33.33%（见图2-6）。

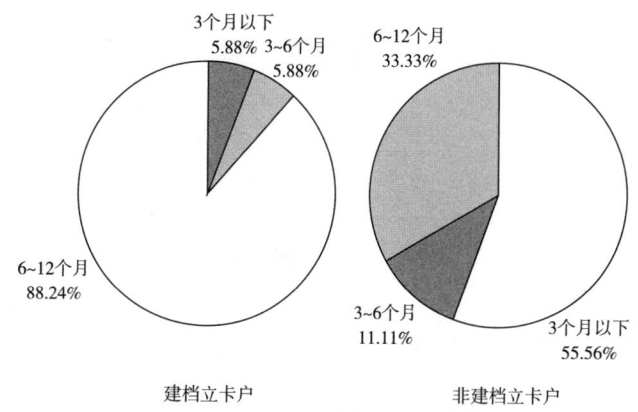

图2-6　2016年梅杖子村户主的在家时间

从务工地点上看，建档立卡户户主在乡镇内务工的比例为18.18%，在县外省内务工的占比为12.12%，乡镇外县内务工的占比为3.03%，县外省内务工和乡镇内务工的占比为3.03%，余下的63.64%农户处于其他情况，综合判断大部分都是在家的。而与之相比，非建档立卡户户主在家的比例则要小得多。其他（包括在家）的占比仅为5.56%，而61.11%的都在县外省内务工，22.22%在乡镇内务工，11.11%的农户在乡镇外县内务工（见图2-7）。这样就是建档立卡户之所以成为建档立卡户的原因，健康水平欠佳失去了劳动能力，从而不能参加劳动，大部分时间在家，这样就失去了收入来源，家庭自然陷入贫困。

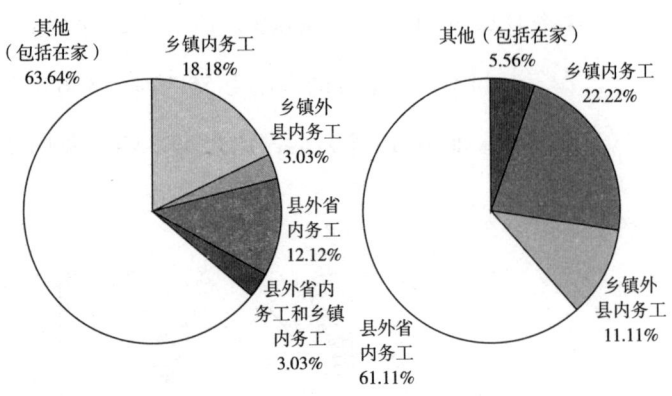

图 2-7 2016 年梅杖子村户主的务工地点

建档立卡户户主外出务工时间相对较短。52.94% 的没有外出务工，11.76% 的外出务工时间为 6~12 个月，29.41% 的外出务工时间为 3~6 个月，外出务工时间为 3 个月以下的占比为 5.89%。相对而言，非建档立卡户的户主外出务工时间要长一些。占比为 63.89% 的外出务工时间为 3~6 个月，16.67% 的外出务工时间为 6~12 个月（见图 2-8）。

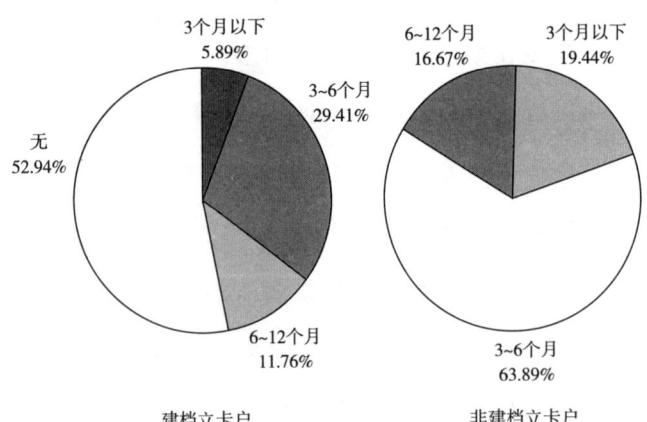

图 2-8 2016 年梅杖子村户主外出务工时间

二 其他人口在健康、教育以及务工方面上的差别

每户的人口构成中除了户主之外，还有其他人口。我们比较了农户家庭的第二个主要人口，按照一般规律，第二个主要人口或者为妻子或者为丈夫，也算是家庭的主要劳动力，因此，单独比较第二个主要人口也是有意义的。从这个比较中，我们发现，建档立卡户与非建档立卡户的区别也是有的。

从家庭的其他人口构成来看，非建档立卡户的家庭大部分都是完整的家庭（即第二个主要人口为配偶），而建档立卡户往往都是非完整家庭。从调查结果来看，建档立卡户中有 56.25% 的农户是有配偶的家庭，40.63% 的农户是单亲家庭（即第二个主要人口为子女），父亲或者母亲与孩子生活在一起。除此之外，还有 3.12% 的农户是长大的孩子与年迈的父母生活在一起（即第二个主要人口为年迈父母）（见图 2-9）。这样的家庭由于有老有小，往往

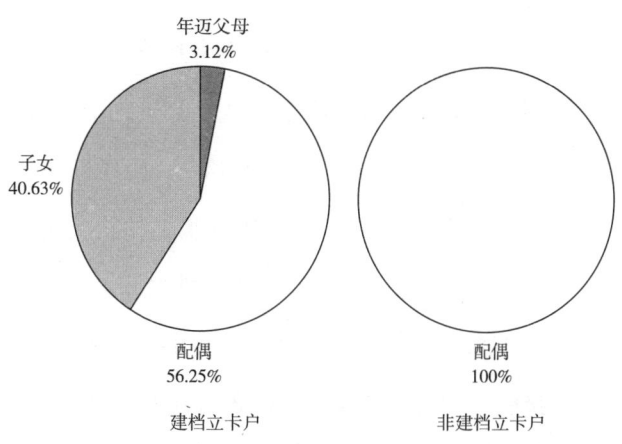

图 2-9　2016 年梅杖子村家庭第二个主要人口情况

劳动力供给不足，且抚养成本高，因此，家庭收入受到影响。与之相对应，我们发现，非建档立卡户中第二个主要人口离异的较少，而建档立卡户中未婚的较多，还有少部分是离异和丧偶的（见图2-10）。总之，建档立卡户的家庭结构和人口结构不如非建档立卡户。

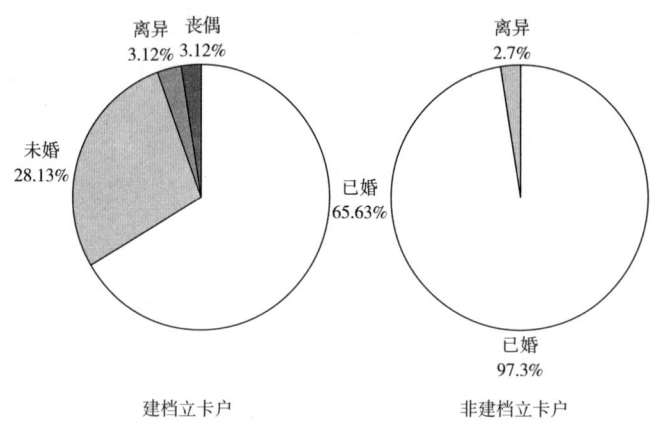

图2-10　2016年梅杖子村第二个主要人口的婚姻状况

从家庭第二个主要人口的受教育水平上看，建档立卡户和非建档立卡户的差别也是存在的。从调查结果看，非建档立卡户第二个主要人口的受教育水平总体上要高于建档立卡户。比如，非建档立卡户第二个主要人口的文盲比例为5.41%，而建档立卡户为15.63%；非建档立卡户中小学受教育程度的占比为35.14%，而建档立卡户为43.75%；非建档立卡户中初中受教育水平的占比为54.05%，而建档立卡户仅为37.50%；非建档立卡户高中水平的占比为5.41%，建档立卡户中没有高中水平的，然而，有3.12%接受了中专（职高技校）教育（见图2-11）。不过总体来看，建档立卡户的受教育水平相对较低。

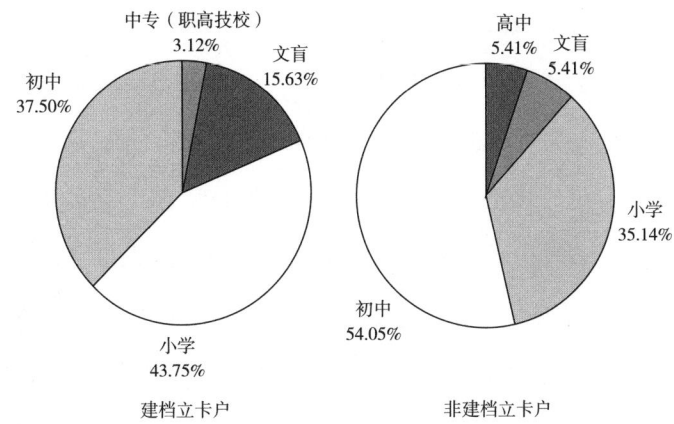

图 2-11　2016 年梅杖子村第二个主要人口的受教育水平

从身体状况来看,建档立卡户第二个主要人口的健康状况也大大不如非建档立卡户。从调查的结果看,建档立卡户的第二个主要人口身体健康的占比为 56.25%,患长期慢性病的占比为 15.63%,患大病的占比为 9.37%,残疾的占比为 18.75%;而非建档立卡户中,94.59% 的都是健康的,只有 5.41% 患长期慢性病(见图 2-12)。

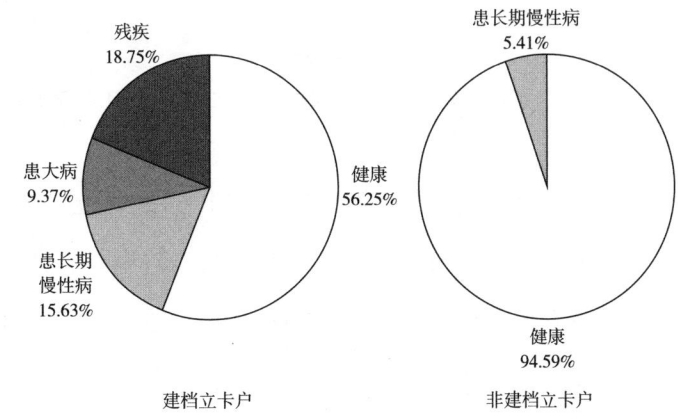

图 2-12　2016 年梅杖子村第二个主要人口的健康状况

与之相对应的,建档立卡户第二个主要人口的劳动能力也大大不如非建档立卡户。从调查结果看,建档立卡户第二个主要人口中,具有普通全劳动力的只有40.63%,而这一比重在非建档立卡户中为89.19%,远远高于建档立卡户。另外,在建档立卡户第二个主要人口中,部分丧失劳动能力的占比为21.88%,有自理能力但无劳动能力的占比为15.63%,另外还有3.12%连基本的自理能力都没有;而在非建档立卡户中,无劳动能力但有但自理能力的比例只有2.70%(见图2-13)。可见,在健康状况不佳的情况下,建档立卡户的劳动能力也相对差一些。

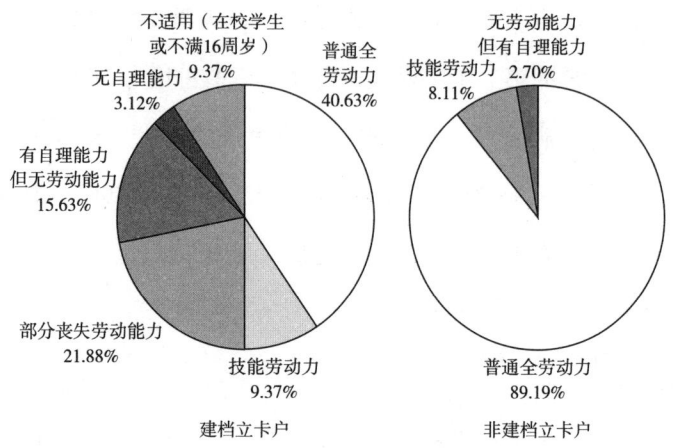

图2-13 2016年梅杖子村第二个主要人口的劳动能力

由于劳动能力相对较弱,因此,建档立卡户第二个主要人口的务工情况也不如非建档立卡户。从数据上我们可以看出,非建档立卡户在乡镇内务工的比例为75.68%,乡镇外县内务工的占比为2.70%,县外省内务工的比例为5.40%,而没有务工(即其他)的比例为16.22%。与之相比，建档立卡户没有务工的比例则大大增加到70.00%，而在乡镇内务工的比例仅为10.00%，乡镇外县内务工的比例为3.33%，县外省内务工的比例为13.33%，省外务工的比例为3.34%。建档立卡户第二个主要人口务工情况远不如非建档立卡户，这直接导致了建档立卡户的贫困（见图2-14）。

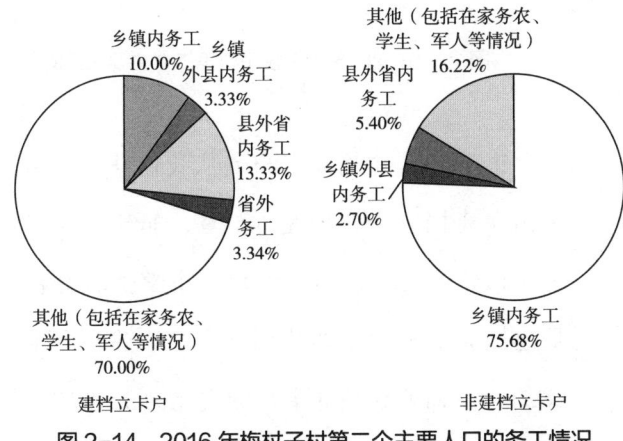

图2-14 2016年梅杖子村第二个主要人口的务工情况

从务工的时间长度看，建档立卡户的状态也不如非建档立卡户理想。从调查结果看，非建档立卡户中务工的为94%多，而不工作的不足6%；而建档立卡户中不工作的占比则高达53.57%，务工的为46.43%。其中，务工时间在3个月以下的占比为10.71%，务工时间在3~6个月的占比为17.86%，务工时间在6~12个月的占比为17.86%（见图2-15）。

我们归并剩余的家庭人口，然后进行比较。这里的主要发现是，建档立卡户中其他家庭人口的受教育程度总

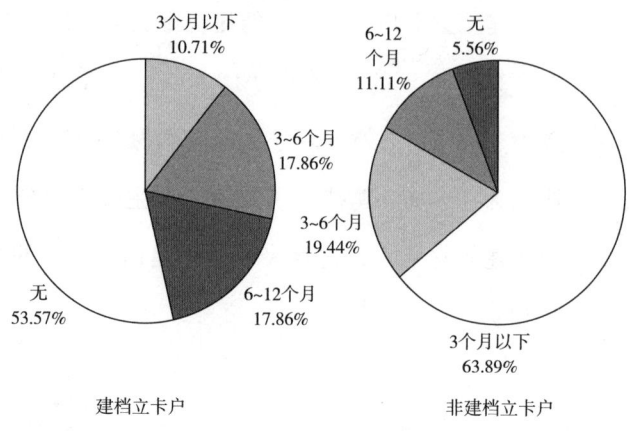

图 2-15　2016 年梅杖子村第二个主要人口的务工时间

体上也不如非建档立卡户。从我们获得的数据看，文盲比例在建档立卡户中是 6.52%，非建档立卡户这一数字为 3.17%，低于建档立卡户；小学受教育程度的占比也是建档立卡户大于非建档立卡户，建档立卡户的占比为 28.26%，而非建档立卡户的占比为 15.87%；非建档立卡户中高中和中专（职高技校）受教育程度的占比也远远高于建档立卡户，这一数字在非建档立卡户中为近 32%，而在建档立卡户中仅为 8.70%。大专及以上的农户占比也是非建档立卡户高于建档立卡户（见图 2-16）。从这里我们可以进一步认识到，受教育程度从某种意义上说确实是影响贫困的因素之一。当然，反向的因果关系也是有可能存在的，即家庭贫困导致了家庭人口的总体受教育程度不高。不过从感性认识上看，我们仍倾向于认为，受教育水平对于家庭的总体收入状况有较为重要的影响。我们也比较了其他人口的健康、务工、劳动能力和劳动时间等，但看不出明显的差别。且其他人口的年龄差距

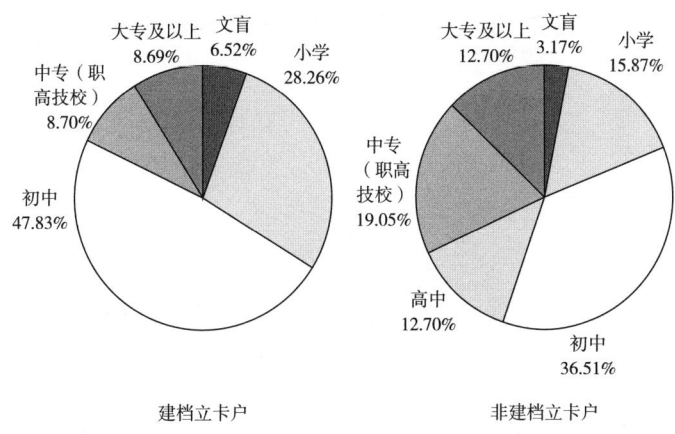

图 2-16 2016 年梅杖子村家庭其他人口的受教育水平

较大，在可比性上要差一些，因此，比较的结果我们在这里不再列出。

总体来看，健康和教育是影响农户收入的关键变量。这也符合我们在访谈中的直觉。在现代经济学研究中，健康和教育都直接与人力资本相联系。而人力资本又是一个国家或者地区经济持续增长的关键因素。实际上，从微观上观察，健康和教育对于一个家庭来说同样重要。有许多学术研究成果表明，拥有较差的健康和教育水平是导致贫困的重要原因。① 健康与卫生条件、医疗条件息息相关。因此，近年来国家非常重视贫困地区儿童的教育问题和当地的医疗体系建设与医疗资源建设。

---

① 孟庆国、胡鞍钢：《消除健康贫困应成为农村卫生改革与发展的优先战略》，《中国卫生资源》2000 年第 6 期；祁毓、卢洪友：《消除污染、健康与不平等——跨越"环境健康贫困"陷阱》，《管理世界》2015 年第 9 期；申晓梅：《论教育与贫困的负相关性》，《社会科学研究》2002 年第 4 期。

第二节 生产和生活条件的调查与比较

一 住房比较

通过访谈我们知道,这里的农户绝大多数都只有1处房产,只有个别的有2~3处房产。这里租房子的农户也没有,不论是普通的砖房,还是好一点造了面的砖房,都是自有。这说明这里的流动人口并不多,很多人都是土生土长的,到了成年结婚之后,依赖父母的力量,申请一块宅基地,建造一座属于自己的房屋。不过,近年来,新建宅基地一般都不批,因为没有新房子,很多年轻的结婚者选择与父母住在一起。这倒也没引起多大的问题。因为计划生育政策让很多农户家庭只有一个孩子,至多两个孩子,但只有一个男孩子,女孩子出嫁,男孩子与父母住在一起就可以了。有个别年轻的农户不愿意与父母同住,也有购买其他人的房屋来作自己新房的。不过,这些都是个别现象。拥有自己的房产是多数农户的自然选择。村子里的房子大多数都是平房,只有7~8户盖了楼房,即那种二层小楼,这些人多半不是务农挣钱,相反都是在城里尤其是在北京打工挣钱。盖一个二层楼大概需要资金20万元左右。普通的住房里边有炕,而且,房屋内的取暖也主要是通过烧炕,后来新盖的楼房或者砖房有的用上了太阳能。有了太阳能之后,家里可以装水箱洗澡。没有太阳能家里就很难有洗澡设施,也不能洗澡，这里的农人尤其是年岁较大的人基本上是不洗澡的，仅仅是夏天在河里洗一洗，其他时间基本上是没有条件洗澡的，自己也习惯了不洗澡。年轻一点的受不了，有的平时去镇上的澡堂子洗一洗，有的去县城里的浴池洗一洗。

我们在问卷中调查了建档立卡户和非建档立卡户对住房的满意程度，发现这是复杂的。有一些建档立卡户对自己住房比较满意，也有一些不满意。满意的或者是属于知足常乐或者说不思进取的，也有个别是因为获得了政府在资金上的支持。在非建档立卡户中，多数人都认为自己的住房一般或者比较满意，只有少部分认为自己的住房条件不好，不太满意。有意思的是，对住房感到满意的农户占比在非建档立卡户中要远远小于建档立卡户（见图2-17）。而实际上，建档立卡户的住房条件总体上不如非建档立卡户，比如，砖瓦砖木的占比在非建档立卡户中为37.14%，而在建档立卡户中，这一数字为71.43%。砖混材料的住房在非建档立卡户中占54.29%，而在建档立卡户中则为25.71%，另外，在非建档立卡户中，还有8.57%的农户住上了钢筋混凝土的房子，而在建档立卡户中这一比例为0（见图2-18）。当然，不论是建档立卡户，还是非建档立卡户，住房都有危房，有的是政府认定的危房，有的不是政府认定的，但事实上已经构成了危房。

从房屋建设的时间上看，建档立卡户和非建档立卡户区别似乎不是很明显，都是既有老房子，也有新房子，

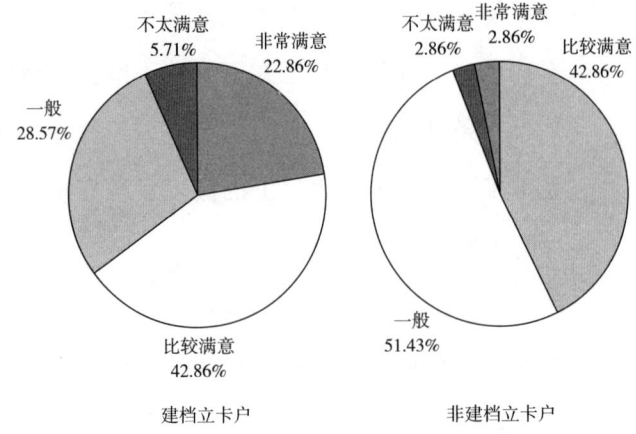

图 2-17 2016 年梅杖子村农户对住房的满意程度

建造年份也基本上贯穿了中国改革开放总进程。对于建档立卡户来说，1980 年之前建造的房屋还有 3 处，对于非建档立卡户来说，这一数字为 2。对于非建档立卡户来说，21 世纪头十年为建房的密集期，而对于建档立卡户来说，建房频次最高的在 2014 年之后。而且，建档立卡户的新房子似乎还多一些（见图 2-19）。这与近几年中央和地方对贫困户的扶持政策有关。经过初步统计，村里大约有 4~5 户都享受了国家给予的帮扶政策，比如政府给一定的资金补助（有的多一些，有的少一些）。很多农户因为有这一政策，拆了自己的旧房子，盖起了新房子。当然，盖房子的成本是逐年提高的，从图 2-20 我们可以看出，房屋的建造成本随着建造年份的推移不断上升，呈现较为明显的正相关关系。这也是符合我们的认知的。因为，整体物价都在上升，建筑材料的价格也在上升之列，因此，盖房子所需要的钱当然也就越来越多

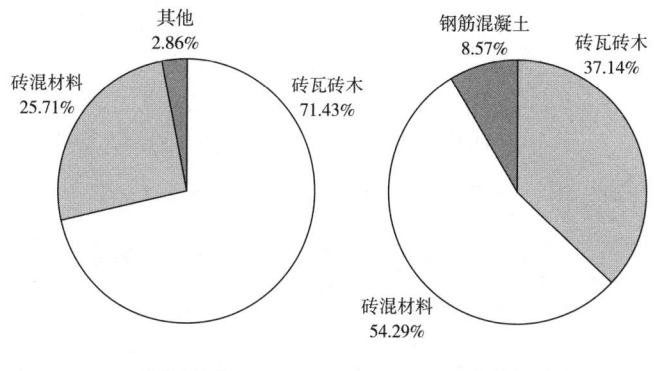

图 2-18 2016 年梅杖子村农户的住房条件

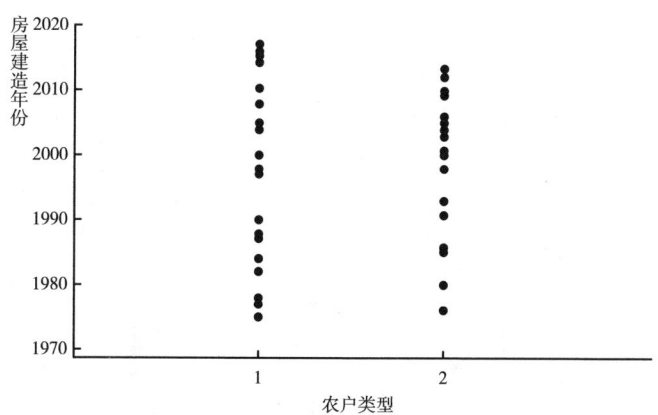

图 2-19 梅杖子村农户建设房屋时间

注：农户类型：1 代表建档立卡户；2 代表非建档立卡户。

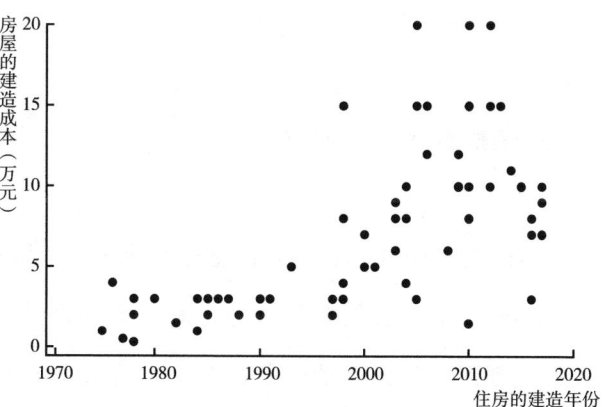

图 2-20 梅杖子村建造房子的成本变化

了。这从某种意义上来说，与城市的房价上涨同样道理，也是住房抗通胀的表现。

从住房面积上看，建档立卡户总体上小一些，而非建档立卡户要大一些。建档立卡户中，有个别农户还住在不足50平方米的房子里，这对于农户来说，面积是比较小的，而在非建档立卡户中，有两户都超过了200平方米（见图2-21）。总体来说，住房条件上的差距还是存在的，尽管复杂一些。

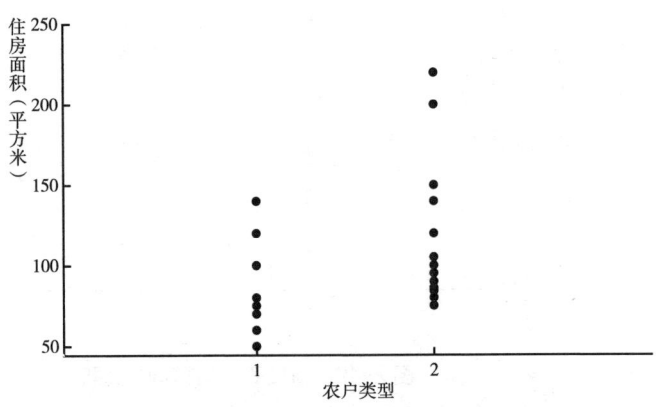

图2-21　2017年梅杖子村农户住房面积

注：农户类型1代表建档立卡户；2代表非建档立卡户。

二　其他基础设施的比较

网络对于现代农户来说是非常重要的，既影响生活，也影响生产。我们初步认为，梅杖子村的网络条件总体上不理想。从调查情况看，不论是建档立卡户还是非建档立卡户绝大部分都没有宽带网络，只有两户非建档立卡户接入了网络宽带。这一点让我们觉得这个地方确实相对落后,因为在辽宁省的部分农村,已经有宽带入户了。道路条件过去不好,现在在上级资金的支持下有所改善。有的农户家门口就是硬化路,有的大概距离50米,很多农户大约有100米,还有个别农户距离硬化路的距离较远,达到1公里。我们认为,硬化路(水泥路或者油漆路)在农村是非常重要的。曾经访日期间,我看到日本的硬化路建造已经不仅能够入户,还能到达田间地头。而中国很多农村达不到。这里也是最近才有所改变的,不过,与发达国家农村还相距甚远。路只有全部入户,到田间地头,现代农村所需要的物流才可能实现。如果没有硬化路的无缝连接,农产品就存在运不出去的问题,这会影响到农产品品种的选择以及现代农业的发展。

这里农户的饮水是井水和泉水,主要是井水。就是在自己的院子里挖一口井,然后把水泵放到水底,水泵在电的作用下可以把井底的水抽上来,农户都会设计一根管子,让水直接流到屋内的缸里。农户吃水也是不费劲的,不像过去,需要用压水井,那个需要人力,冬天东北冷,压水井容易冻上。早期就更为艰难了,需要到村里的公共大井里打水挑回来。现在不需要这样了,只要一拉电闸,水就进水缸了。除非没有地下水,否则农村吃水是不困难的,梅杖子村吃水也不困难。但水泵抽水这种用水方式仍然比不上自来水。因此,现在很多农村都在进行自来水改造。梅杖子村还没有实行。自来水对于改善农户的生活条件非常重要。举例来说,没有自来水洗衣机就用不了,因为没有上下水,全自动洗衣机在农村就成了摆设。没有上下水洗澡也费劲,需要自己弄个水箱,很麻烦,远远不如自来水来得方便。有了自来水,家里装个热水器,农村地方是有的,隔出一间屋子就可以洗澡了。有了上下水,厕所也可以进屋了。

这里的能源主要是柴草,其实主要是树枝和玉米秸秆。每家都会有一个树枝垛和玉米秸秆垛。秋收后没有事情时,农人的主要任务就是弄柴火,因为东北冷,一个冬天的取暖做饭需要很多柴火。东北煤多,但是这里用煤却不多。主要原因是树枝和秸秆基本上没有成本,而用煤需要购买。对于度日艰难的农人来说,能省一点自然就要省一点。没有使用煤,煤气罐自然也很少用,只有个别富裕农家为了房间干净,使用煤气罐。管道气对于偏远的山村来说,基本上是不可能了。梅杖子村不仅网络条件、道路条件、用水条件不好,也没有垃圾处理设施以及排污系统等。这些都需要花钱,而对于一个集体经济几乎等于零的穷村来说,垃圾处理基本上是奢侈品。不过,近两年为了创建美丽乡村,村集体高度重视排污和垃圾处理,但基本的思路是集中排放而已。即每家每户不能随意扔垃圾,需要集中起来,农户自己放置到固定的地点或者有专人集中收纳,然后拉到固定的沟里进行集中填埋处理。这也是没有办法的选择,尽管这种选择实际上仍然存在一些问题。

总体上看,就居住条件而言,建档立卡户和非建档立卡户存在一定的区别。房屋的建造主要依赖农户的收入水平。从网络、道路、用水、垃圾处理等方面的条件看,建档立卡户和非建档立卡户差别不大，因为这些都属于村庄的公共产品，主要取决于集体经济的发达水平，而梅杖子的村集体经济基本上没有发展，用一句媒体上经常说的"空心村"。

第三节 收入和消费的调查与比较

一 家庭收入比较

从表2-1中我们可以发现，梅杖子村非建档立卡户2016年家庭人均纯收入达到了10236.9元，其中工资性收入达到了8893.4元，农业经营纯收入为789.0元，非农业经营纯收入为132.4元，赡养性收入为22.1元，养老金、离退休金收入为243.1元，补贴性收入为157.1元。与之相比较，建档立卡户的家庭人均纯收入为6491.9元，其中工资性收入为3300.9元，农业经营纯收入为1419.0元，非农业经营纯收入达到491.2元，赡养性收入为88.5元，低保金收入为678.8元，养老金、离退休金收入为175.8元，补贴性收入（救济、农业及其他）为337.8元。我们获得的信息如下：第一，建档立卡户家庭的收入总体上不如非建档立卡户；第二，非建档立卡户的主要收入为工资性收入，而建档立卡户的主要收入虽然也为工资性收入，但数量明显较少；相比之下，建档立卡户的农业和非农业经营性收入要多于非建档立卡户，低保金收入、补贴性收入建档立卡户无论从绝对数上看，还是从占比上看，都大大高于非建档立卡户。这说明国家的脱贫政策对于他们收入的提高起到了一定的作用；第三，这地区的财产性收入没有，说明这一地区的经济发展水平总体上还是落后的；第四，礼金收入没有，这一点不符合我们的认知常识，这要么是农户有意隐瞒，要么就是他们的理解与我们调查人员的理解不一致。

不过，从图2-22中我们发现，2016年建档立卡户的致富能力丝毫不弱于非建档立卡户。随着家庭人口的增加，家庭收入都是稳步增长的。当然，在这里我们也要注意，由于农户分不清什么是纯收入，什么是总收入，尽管调查人员耐心沟通和讲解，但仍然有分不清总收入和纯收入的案例。因此，这些数据对于纯收入可能有一定的高估，尤其是对个别建档立卡户来说。

二 消费比较

从表2-2中我们可以发现，建档立卡户的家庭人均生活消费支出也是少于非建档立卡户的，这与农民收多少用多少的传统理念相关。2016年，建档立卡户的家庭人均生活消费支出为3692.8元，其中，食品支出为2427.9元，报销后医疗支出为205.9元，教育支出为819.9元，养老保险费为34.9元，合作医疗保险费为57.1元，礼金支出为147.1元；与之相比，非建档立卡户的家庭人均生活消

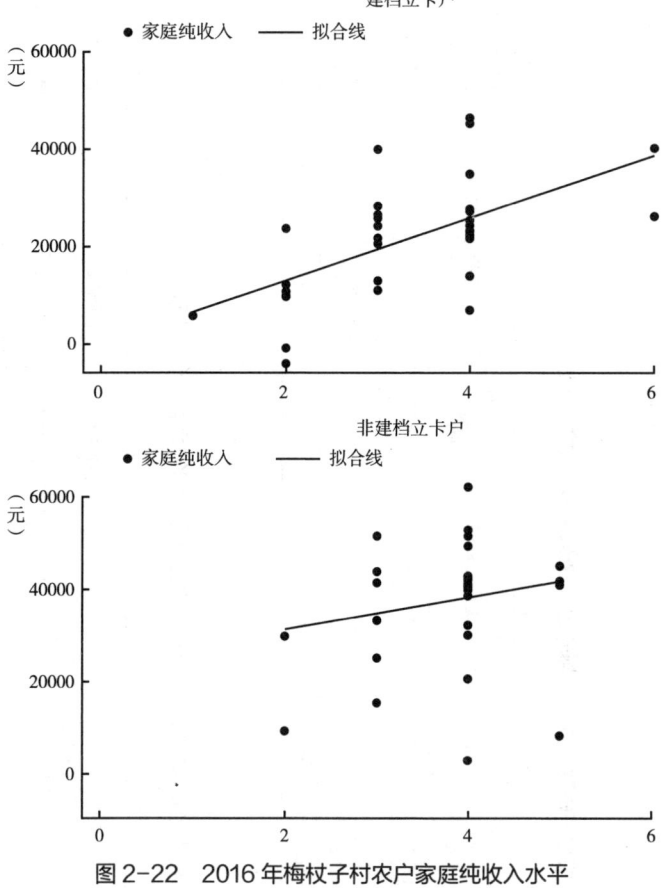

图 2-22　2016 年梅杖子村农户家庭纯收入水平

费支出为 6631.8 元,其中,食品支出为 1588.5 元,报销后医疗支出为 353.1 元,教育支出 3212.4 元,这一项要远远多于建档立卡户,另外,还有养老保险费支出 375.2 元,合作医疗保险费支出 248.6 元,以及礼金支出 854.0 元。很有趣的是,礼金支出老百姓是记得较为清楚的。

从家庭耐用消费品/农机/农业设施拥有数量(当前仍在使用的,不包括已经废弃的)上看(见表 2-3),我们也可以发现一些有趣的现象。总体上看,非建档立卡户

表 2-1 2016年梅杖子村建档立卡户与非建档立卡户的家庭收入比较

单位：元，%

项目		家庭人均纯收入	工资性收入	农业经营纯收入	非农业经营纯收入	财产性收入	赡养性收入	低保金收入	养老金、离退休金收入	报销医疗费	礼金收入	补贴性收入（救济，农业及其他）
非建档立卡户	总额	10236.9	8893.4	789.0	132.4	0.0	22.1	0.0	243.1	0.0	0.0	157.1
	占比	100	86.9	7.7	1.3	0.0	0.2	0.0	2.4	0.0	0.0	1.5
建档立卡户	总额	6491.9	3300.9	1419.0	491.2	0.0	88.5	678.8	175.8	0.0	0.0	337.8
	占比	100	50.8	21.9	7.6	0.0	1.4	10.5	2.7	0.0	0.0	5.2

资料来源：梅杖子村调查数据库。

表 2-2 2016年梅杖子村建档立卡户与非建档立卡户的家庭人均生活消费支出比较

单位：元，%

项目		家庭人均生活消费支出	食品支出	报销后医疗支出	教育支出	养老保险费	合作医疗保险费	礼金支出
建档立卡户	总额	3692.8	2427.9	205.9	819.9	34.9	57.1	147.1
	占比	100	65.7	5.6	22.2	0.9	1.5	4.0
非建档立卡户	总额	6631.8	1588.5	353.1	3212.4	375.2	248.6	854.0
	占比	100	24.0	5.3	48.4	5.7	3.7	12.9

资料来源：梅杖子村调查数据库。

所拥有的家庭耐用消费品要多于建档立卡户,从数量上我们可以发现这一点。无论是彩色电视机、洗衣机、电冰箱或者冰柜,还是电脑、固定电话等,都可以看出,这还不包括对质量的考量。通过访谈我们知道,家用电器的质量也是非建档立卡户占优。然而,从农机/农业设施拥有数量上看,建档立卡户要好于非建档立卡户。这说明非建档立卡户是以非农业的外出务工为主的,而建档立卡户则将精力和资本更多地投入了农业了。虽然农业的收益普遍较低,但他们没有其他的选择,也只能如此。

表2-3　2017年梅杖子村家庭耐用消费品/农机/农业设施拥有数量

项目	34户建档立卡户	36户非建档立卡户
彩色电视机	26	35
空调	0	0
洗衣机	10	35
电冰箱或冰柜	11	22
电脑	1	2
固定电话	1	10
手机	55	38
联网的智能手机	27	36
摩托车/电动自行车(三轮车)	12	8
轿车/面包车	1	1
卡车/中巴车/大客车	0	0
拖拉机	2	0
耕作机械	1	1
播种机	11	1
收割机	1	0
其他农业机械设施	7	1

注:数量为当前仍在使用的,不包括已经废弃的。
资料来源:梅杖子村调查数据库。

三 健康支出及因病致贫

在家庭健康支出方面,建档立卡户的压力也显著大于非建档立卡户,主要原因在于建档立卡户的健康状况不如非建档立卡户,从图2-23我们可以看出,一方面,建档立卡户患有不严重疾病的有一些,患有严重的也有一些,而非建档立卡户所患疾病主要是病情一般的。相比之下,建档立卡户和非建档立卡户都有一些农户的疾病需要治疗。然而,通过资料也发现,建档立卡户的治疗情况不理想,很多人都是自行买药或者硬挺。有的入院治疗,尽管费用有新农村合作医疗作为保障,但还是一笔较为大额的支出。报销情况总体上是好的,只要符合新农村合作医疗的条件,总花费中就有一部分可以报销,这在一定程度上减轻了农户的负担。在报销方式和报销额度上,我们发现非建档立卡户和建档立卡户没有什么区别。一部分农户选择不治疗,具体分析其原因,我们发现,大部分农户,不论是建档立卡户还是非建档立卡户,都是因为经济困难放弃治疗。当然,对于建档立卡户来说,还有一些家庭是因为不重视,或者认为小病不用医以及其他一些原因,总体上反映了认知上的滞后以及由于贫困对自身健康的麻木(见图2-24)。导致的结果就是在行走以及吃饭穿衣上的差别。我们发现,一部分患病的建档立卡户在行走上是问题不大的,但也有一些农户有点问题,或者说有些问题,甚至有3户根本不能行走;对于非建档立卡户来说,这方面要好一些,大部分农户问题不大,有2户有点问题(见

图 2-25)。从洗漱、穿衣等方面看,建档立卡户和非建档立卡户也存在区别,建档立卡户中有 2 户不能完成照料自己的基本任务,这无疑会加重家庭的负担(见图 2-26)。当然,大部分农户都能自己照顾自己。然而在日常活动中,比如工作、学习上,非建档立卡户的表现要远远好于建档立卡户(见图 2-27)。

我们认为,身体的残疾或者疾病会影响人的心情,乃

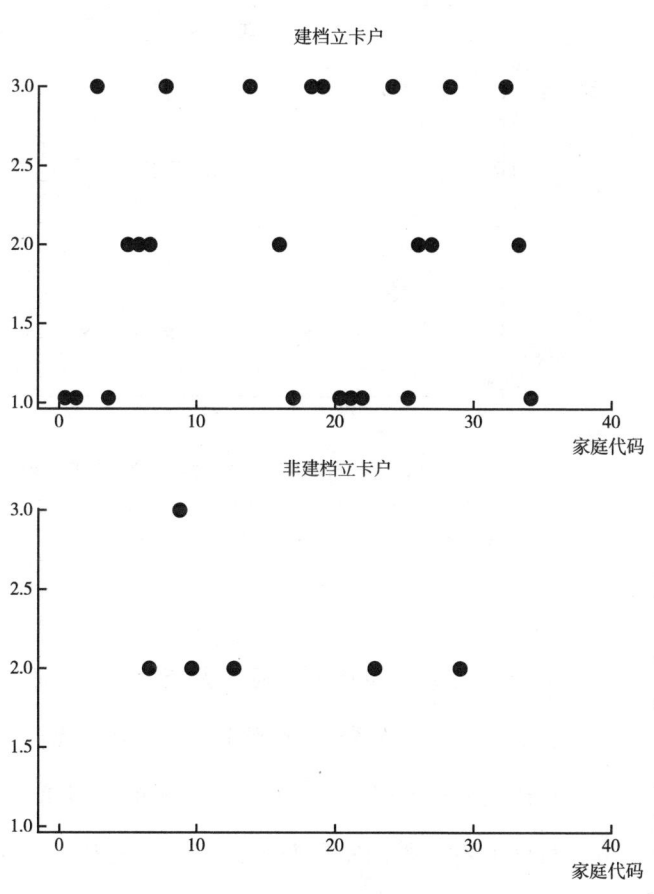

图 2-23 2016 年梅杖子村村民所患疾病严重程度
注:纵轴 1 代表不严重;2 代表一般;3 代表严重。

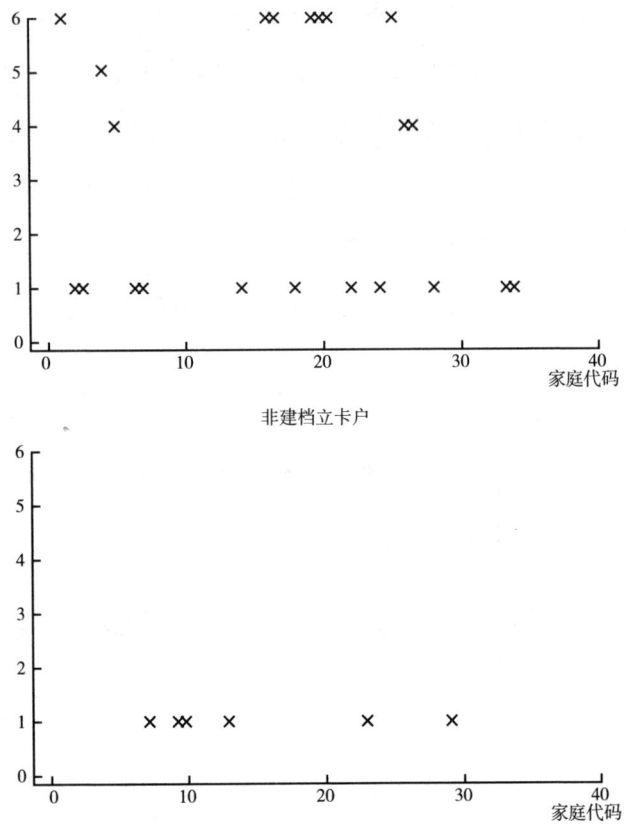

图 2-24　2016 年梅杖子村村民选择不治疗疾病的原因

注：1 代指"经济困难"；2 代指"医院太远"；3 代指"没有时间"；4 代指"不重视"；5 代指"小病不用医"；6 代指其他。

至奋斗的决心和意志。通过调查发现，普遍而言，建档立卡户的焦虑或者说所感觉到的压力比非建档立卡户要大。建档立卡户中有一些农户存在严重的压抑和焦虑。从这个角度上看，段国军所坚持的"扶贫先扶志"是有一定道理的。

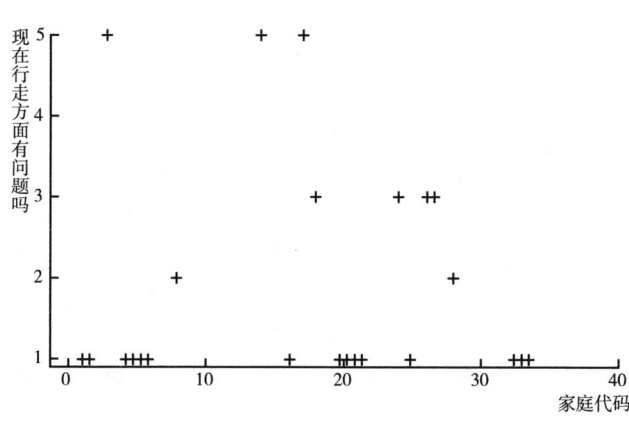

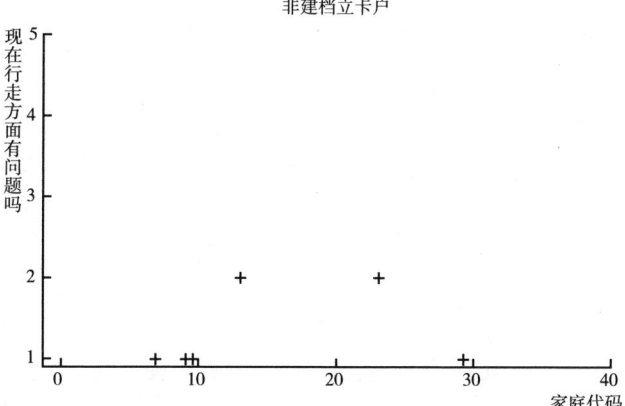

图 2-25　2016 年梅杖子村村民行走方面的情况

注：1 代指没问题；2 代指有点问题；3 代指有些问题；4 代指有严重问题；5 代指不能行走。

四　劳动以及生活的场景

我们还观察到，家庭主要劳动力的劳动时间在建档立卡户和非建档立卡户之间有所不同。吊诡的是，建档立卡户的劳动时间竟然长一些。从图 2-28 来看，在建档立卡户中，有一些农户劳动时间短，主要是因为这些农户有残

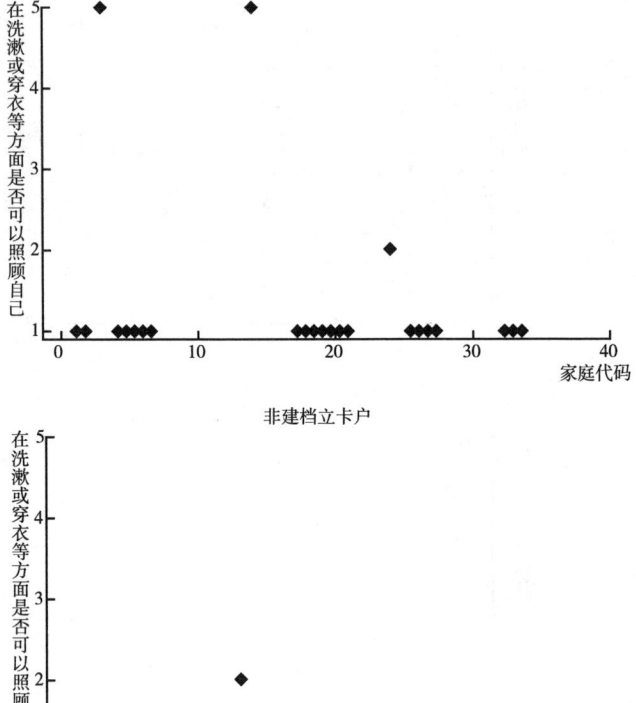

图 2-26 2016 年梅杖子村村民日常起居上的差别

注：1 代指"没问题"；2 代指"有点问题"；3 代指"有些问题"；4 代指"有严重问题"；5 代指"不能洗漱或穿衣"。

疾或者失去了劳动能力；而另外一些农户劳动时间偏长，其原因是这些农户主要从事农业。按理说，农业的净劳动时间不长，但是由于农业生产周期长，在整个生产周期都有大大小小的活（即便田间不需劳作，还要在家里干一些有助于农业生产的活计），因此，在农户看来，农业劳动时间是跨越大半年的，劳动时间反而长。这就解释了建档

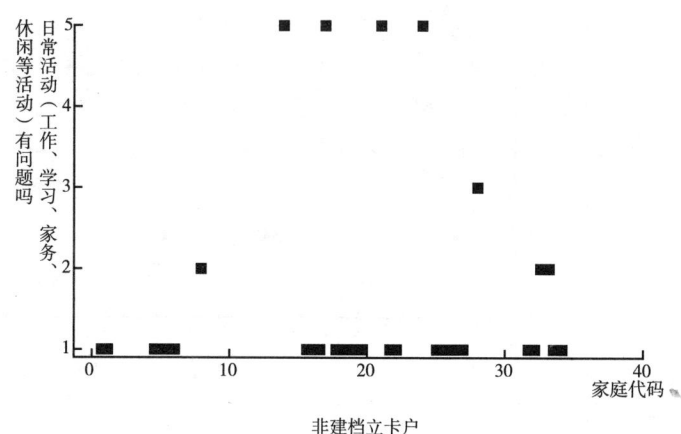

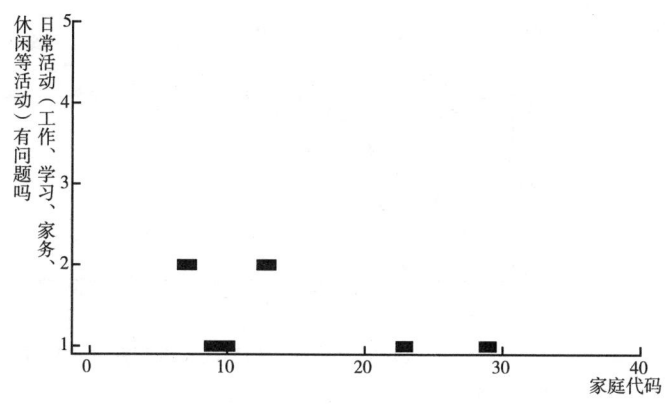

图 2-27 2016 年梅杖子村村民日常活动情况

注：1 代指没问题；2 代指有点问题；3 代指有些问题；4 代指有严重问题；5 代指不能进行任何活动。

立卡户主要劳动力劳动时间长的原因。这从另一个角度也说明，农业耕作的效益不如非农业，但是，并不是每一个农户都有机会或者有条件离开农业。图 2-29 反映的是两类农户的实际务农天数，与我们之前的判断是一致的。建档立卡户的务农时间明显长一些。而从效益上看，从事农业的效益显然不如从事非农业的效益，图 2-30 反映了这

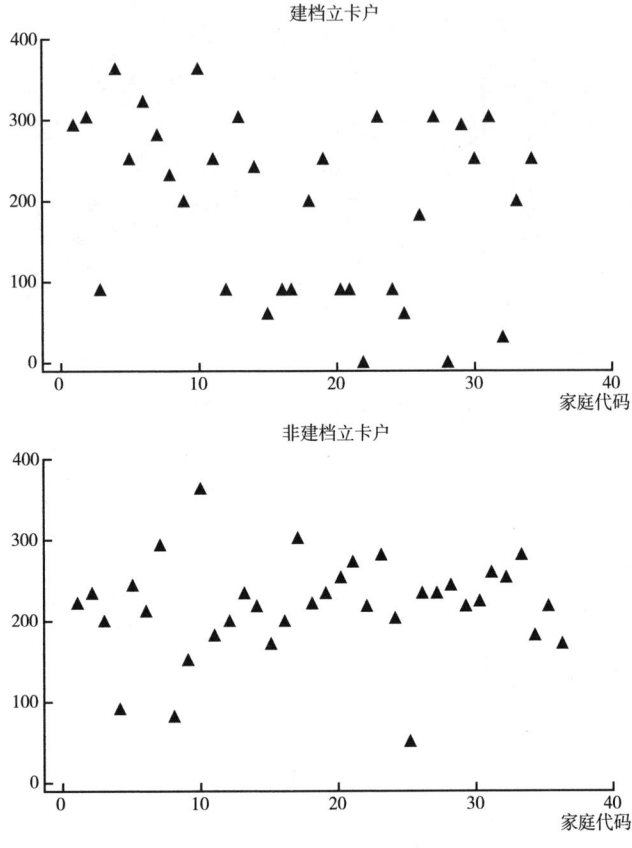

图 2-28 2016 年梅杖子村村民家庭主要劳动力劳动时间

注：不含家务劳动。

一点。

农户还是离不开土地的。这一点我们可以从家庭次要劳动力的劳动时间以及劳动收入上看出。从调查结果看，农户次要劳动力行为模式的相似性要大得多。比如从劳动时间上，看不出两类农户有很大差别（见图 2-31）。从本地自营农业的天数上，除了 1 户时间特别长之外，其他的差别不大，即建档立卡户和非建档立卡户差别不大（图 2-32）。从收入上看，非建档立卡户略高一些，但也没有

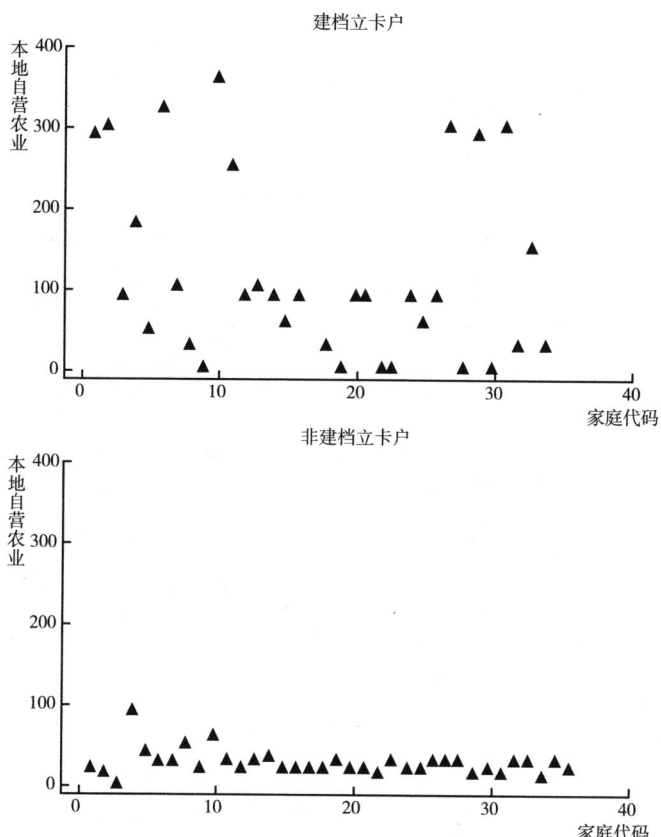

图 2-29 2016 年梅杖子村家庭主要劳动力实际务农天数

本质的差别（见图 2-33）。我们认为，这是由于男人外出务工后，留在家庭的妇女从事农业生产经营，没有放弃土地，也没有流转。尽管耕作需要机器，妇女在使用机器上的能力较弱，但也有一些其他办法来解决，比如找亲戚代耕，或者通过商业化手段耕作。总之，地没有荒废也没有流转。当然，如果外出的是女人，男人在家会把农地耕种得更好。

农村党员数量较少，我们所调查的 300 多人中，只有

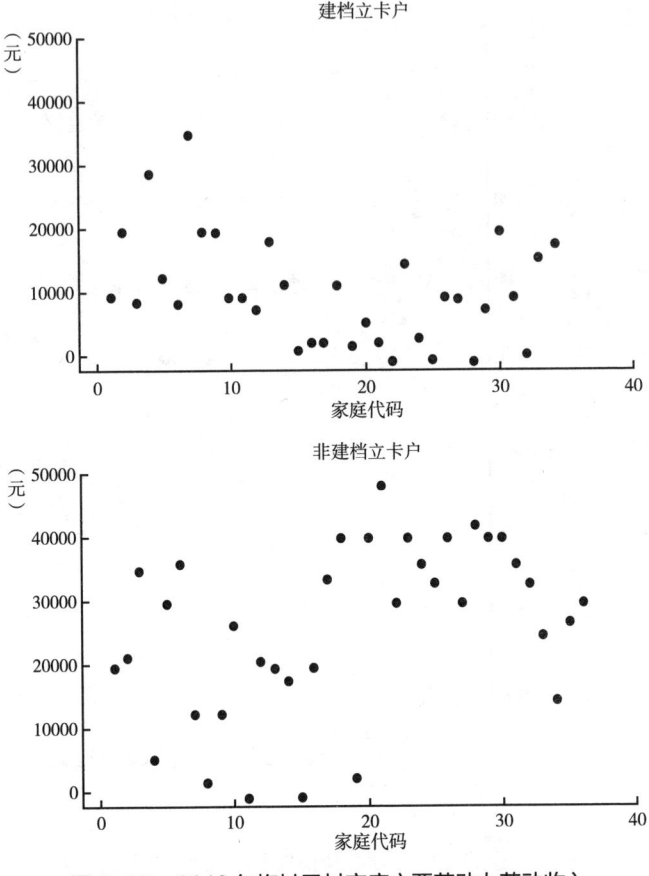

图 2-30　2016 年梅杖子村家庭主要劳动力劳动收入

6 名党员,建档立卡的 34 户中只有 1 名党员,而非建档立卡的 36 户中有 5 名党员。村委会的投票除了个别农户之外,村民都普遍参与。乡镇人大代表的投票情况类似,也是除了个别农户之外,全部参加。但有意思的是,提及上年的投票情况时,这些农户普遍的答案是不知道,因为忘记了。总体上看,在农户参与乡村治理或者说参加乡村集体决策的调查中,我们没有发现建档立卡户和非建档立卡户在行为模式上有什么区别。推测有如下原因:一是调查

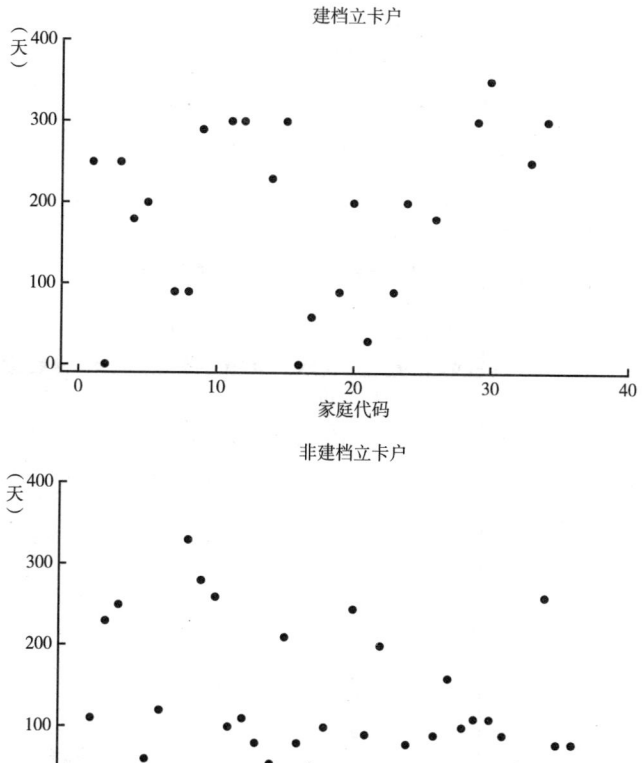

图2-31 2016年梅杖子村家庭次要劳动力劳动时间

农户数量不多,可能覆盖不了整个农户群体;二是调查农户有意不让人知道他们的行为,刻意隐瞒;三是从行为模式上确实没有区别。

对于合作社的认知情况,大家都知道本村或者邻村有合作社,但合作社在梅杖子村的覆盖程度不大。根据我们的调查,在70户被调查农户中,除了3户农户没有表达自己的意见之外,余下的67户中,有51户没有参加合作社,可见,合作社的参与率仅为23.9%。建档立卡户和非

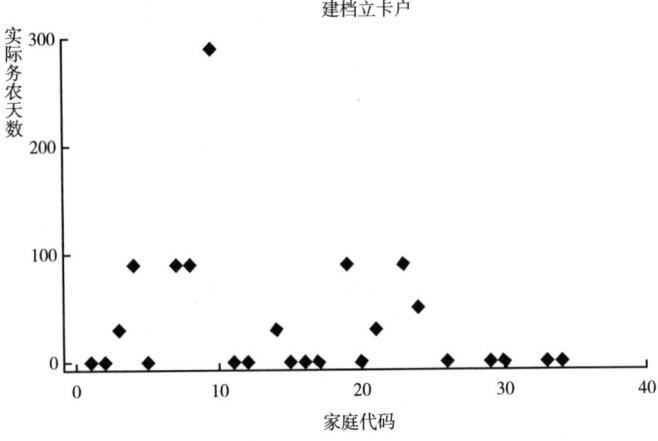

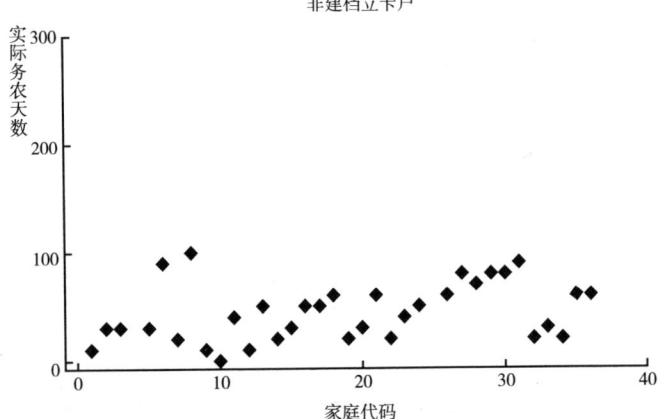

图 2-32 2016 年梅杖子村家庭次要劳动力本地自营农业的天数

建档立卡户的参与情况没有统计意义上的差别。

在参与文化娱乐或者兴趣组织方面，大部分农户也是有认知的，即他们知道本村或者邻村有这样的文化娱乐和兴趣组织，但是本村的这些组织显然是不发达的，因为，也只有一部分农户参与了，大部分农户都没有参与。在所调查的 70 户农户中，有 2 户数据缺失，有效数据中有 27 户参与了文化娱乐和兴趣组织，占比为 39.7%。参加活动

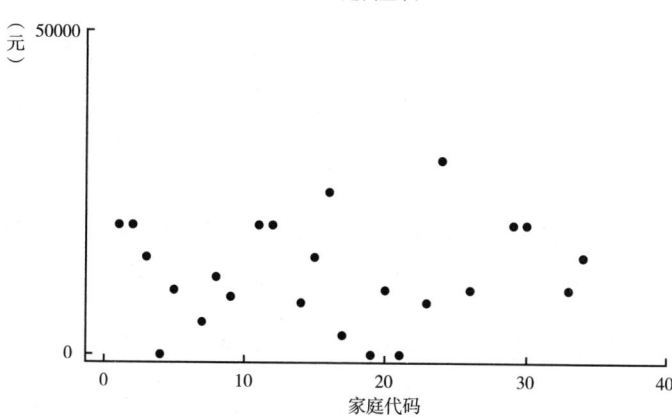

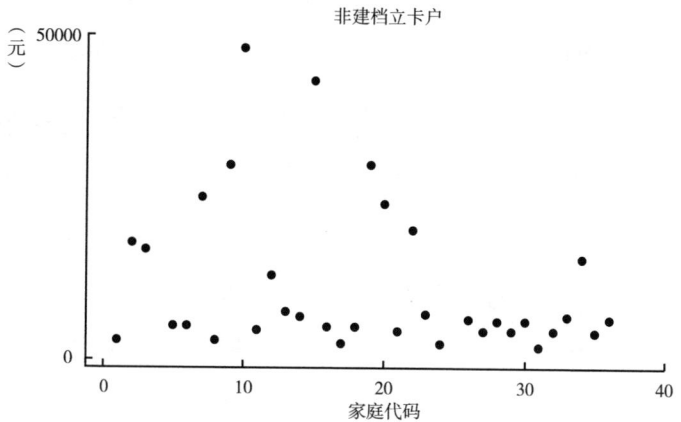

图 2-33 2016 年梅杖子村家庭次要劳动力的收入情况

的，有的是每月一次，有的是每季度一次，有的是每年一次，总体来看，每季度一次的较多。当问及有没有其他组织时，村民都说不清楚。

急用钱时以及有重要的事情时，村民们优先想到的都是自己的直系亲属，然后是其他亲戚，最后是村干部。由此可见，中国乡村社会仍然是一个熟人社会。熟人社会是费孝通先生提出的一个社会学意义上的概念，它精辟描述和高度概括了新中国成立前中国乡村社会的性质特征和运行机理。在过去，人类社会模式基本上为熟人社会，自给自足的农耕经济最重要的生产资料就是土地，而土地不可移动的特性，使人们被长久地附着在土地上，这样的社会的保障功能欠缺，人们基本上是靠熟人之间的相互帮助来生活，从而形成了一个稳定的极少流动的居住群体——村落。这种长久的毗邻而居，使人们相互关系亲近、联系密切、互相依赖，渐渐形成了一套熟人社会里的诚信、互助的交往规则和行为规范。这种规范就是个人根据亲疏划定了一个交际圈，比如，最里边的是亲戚，其次是邻居，然后是其他人，包括村干部。村干部本身并不代表什么，如果是亲戚，当然是里层的关系，如果不是，那么可能处在外层。当然，如果邻居间闹矛盾，或者是所谓的公事，农户可能会找村干部，否则，都是根据自己所构建的社会亲疏关系来交往。

因此，宗族、家族之类的影响在农村仍然很大，尽管新中国成立以来党和政府一直努力让村两委班子成为农村治理的核心，但实际上，亲戚关系、宗族关系在农村还以各种形式与干部和农民的关系交错在一起。人们也在遵守并默默继承着这种关系，使之成为大家都服膺的一种行为规范。如果谁在交往中违反这套行为规范，就会被该群体以各种方式惩戒，甚至被排斥放逐于人群之外。宗族具有公共的社交、合作、交换、纠纷仲裁、信贷、保险、养老、教育、医疗、安全防御等诸多功能。

多数人家的业余生活就是看电视，平均每户每天看电视的时间为两个小时，除此之外，就是上网。农村网络普及程度越来越高，虽然在梅杖子村还相对落后，但网络所带来的诱惑还是巨大的。农户通过手机不仅可以娱乐，还有很多"正事"，比如联系外出务工，咨询农业生产经营上的问题，打听农产品的价格信息等。网络普及对于农业农村发展是非常必要的。在这方面，梅杖子村还有一些基础设施建设工作需要做。

东北三省的计划生育搞得比较好，因此，20世纪80年代后出生的孩子大多是1~2个。梅杖子村充分反映了这一状况。在所调查的70户农村家庭中，除了那些特殊家庭，比如鳏寡孤独的家庭之外，正常的夫妻都在的家庭平均的孩子数量是1~2个，没有3个的。孩子都上学，失学的很少，这主要不是因为九年义务教育，而是中国家庭都注重孩子的教育，即便家庭没钱，也会让孩子上学，即所谓"再穷不能穷教育"。当然，不得不说，孩子上学的成本还是很高的，因为小学时可能就需要寄宿，现在合村并镇的结果就是农村孩子上学成本非常高，甚至高于城市。因为城市不需要寄宿，农村的孩子需要寄宿。这还不包括感情上的成本，年纪尚小就离开父母，这些情感上的缺失也会影响他们未来性格的形成。这种成本是无法估量的。从调查结果看，很多孩子都是在乡镇、县城或者外县上学。费用也是非常高的，在5000~15000元。这对于农村家庭来说，每一年都支出这样一笔钱，压力还是非常大的。

小结：致贫原因

通过调查，我们对这里的贫困有了一点感性认识，问卷调查的数据分析，也基本上可以佐证我们的直觉，总而言之，我们认为梅杖子村的致贫原因是多种多样的，既有收入端的问题，也有消费端的问题，既有宏观大环境的问题，也有家庭微观经营的问题。而且，每个家庭都不一样，正如俄国文学家列夫·托尔斯泰所言："幸福的家庭都是相似的；不幸的家庭各有各的不幸。"但我们总要进行一些归纳，这样才可以概括出共性特征。我们在这里不区分宏观和微观，也不区分供给端和消费端，把所有的原因归纳起来，主要有以下几点。

第一，农业本身不能带来稳定的高收益。梅杖子村曾经主要是一个农业村，主要产业就是农业，农业产业本身不挣钱，这造成了梅杖子村农户的收入水平低，基础差。从自然地理条件看，梅杖子村属于辽西。而辽西地区属于低山、丘陵地区，其土地总面积占全辽宁省的1/4左右，宜耕作面积较少；气候条件属温带半干旱大陆性气候，年降水量在400~600mm，干旱降水少，土壤有机质含量较低，地表植被覆盖稀疏。同时受水土流失及土地沙化严重的影响，农业生产的不利因素较多。而且，由于与内蒙古接壤，受科尔沁沙漠南侵的影响，风沙大，气候条件恶劣，土地瘠薄，耕地沙漠化、盐渍化严重，雨养农业"十年九旱"，种植农作物很多时候连生产成本都收不回来。所以受自然条件的影响，农业生产乃至整个农村经济的发展滞后。梅杖子村作为典型的山区农村，具有上述一切特点。这里的农业也是旱作农业，受自然条件的影响非常大。经常有春旱，每到开春，庄稼人就盼望着下雨，因为如果不下雨或者雨下得少，犁杖就进不了地，即便是种上了，还要担心是否能出苗。春天不旱了，还担心秋吊。秋吊也是可怕的，因为那时候正是长粮食的时期，如果秋吊，地就减产。梅杖子村的老辈子人总结了所谓"三多三少"，即山多、石多、光棍多，树少、水少、姑娘少。

根据测算，在一般年景这里大约 2 亩耕地可养活 1 个人，相比平原地区要多 3 倍的耕地，遇旱年则需要 4~5 亩耕地才能养活 1 个人。由于土地生产效率相对较低，并且二三年一遇严重春旱，四五年一遇大旱，同时人口在不断增加，结果人均耕地面积不断减少。因此，这一地区开始出现"人口—土地—粮食"的矛盾，土地资源已经呈现负荷过重的状态，又引致了生态环境恶化等一系列的问题。① 农业的效益随之进一步降低。总而言之，贫瘠的自然地理条件让这里的农作物种植品种单一，而且主要是粮食作物——玉米，而玉米的价格收入弹性、价格需求弹性都较低，因此，农户从玉米种植上能获得的收益有限。即便风调雨顺，每亩地也不过收入 800 元，更何况这个地区很多时候不是春旱就是秋吊。

第二，产业结构调整缓慢，甚至难以调整。如上文所

---

① 冯贵盛：《关于辽西贫困地区生态建设与脱贫致富的对策研究》，《社会科学辑刊》1990 年第 3 期。

述，传统的种植作物是玉米和杂粮，这些作物的产量是有上限的，价格又不贵，因此，种植玉米和杂粮的亩均收入也就在500~600元。这还不计劳动力的投入成本，如果计入这些，那纯收入就更少了。多年来，村两委班子也在想一些办法改变种植结构，但由于其他品种作物的市场价格也不稳定，又没有成熟的技术，因此，农业内部产业结构调整不是很成功，也没有形成当地有特色的产业。截至调查时，这里的农作物种植仍然是以玉米和杂粮为主。农业之外的工业、服务业、矿业发展也不快。过去社队企业几乎没有，改革开放后也没有什么村办企业，因此，没有任何集体经济收入。没有集体经济收入，很多想法就落不了地，很多项目也难以实施。村两委班子也知道发展村集体经济的重要性，但苦于没有抓手，没有思路，多年来集体经济没有任何发展。村内也没有一家集体企业，村门口有一个处理垃圾破烂的私营企业，不属于集体企业，还有碍村容。村两委班子多次想处理这样的企业，以改善村容村貌，但囿于没有合适的谈判砝码，也就不了了之。没有集体经济，就没有造血功能，就不能化解村子的债务问题。村集体搞一些大众喜欢的娱乐项目都没有经费，有的还需要村两委成员自掏腰包。当地没有非农就业，很多人只能选择外出就业，但外出就业对劳动能力就有要求，年纪轻的、身体健康的容易在外面找工作，年纪大的、身体有残疾的几乎没有外出就业机会。外出不能就业的，本地没有就业机会，农业收入又少，就形成了家庭的贫困。改革开放以来，伴随着城镇化、工业化的推进，以及城乡户籍制度逐步"松绑",我国农村劳动力的就业环境与就业选择发生了巨大的转变,农户不仅可以依靠传统的农业生产实现"自我雇佣",还可以转移到众多的非农就业岗位。在非农就业规模持续扩大的背景下,农村劳动力形成了农业与非农活动的分流,稀释了农业劳动力,使一定时期内从事农业生产的劳动力数量绝对下降、质量上相对"弱质化",引发了舆论对于农业生产尤其是粮食生产安全的担忧。与此同时,导致农业弱势的格局不能发生变化,农业的吸引力日益下降,农民贫困也是农业的衰败。要提高农业的吸引力,必须提高农业的劳动生产率。①

第三,基础设施建设滞后,使发展现代农业成本太高,不具有可操作性。中国农村农业的基础设施建设普遍滞后。与发达国家相比,更是如此。前文已经提到,日本的农业农村基础设施非常完备,网络到户,道路到田间地头,用水、用电、垃圾处理都很方便。此外,荷兰、比利时、德国等欧洲国家的农业农村基础设施与城市相比也丝毫不逊色。因此,很多城市人都选择住在乡村。中国农村还远远达不到这个程度,网络、水电、道路等条件与城市有相当大的差距。辽宁的水利设施大多建于20世纪50~70年代,受当时诸多因素的限制,普遍存在建设标准低、工程不配套、老化失修严重等问题。虽然近几年各地加大了对水利设施的检查维护保养力度,但受经费投入不足制约,还有相当一部分设施长期得不到有效维护,严重影响

---

① 亢晓枫:《提高农业劳动生产率是农民增收的重要途径》,《西安财经学院学报》2005年第1期。

了农业生产用水及防洪抗灾能力。对于发展相对滞后的梅杖子村亦是如此。在这里,可以看见垃圾随处丢弃,这一方面是农民的意识和行为习惯的问题,另一方面也是基础设施不完备的问题。影响更大的是生产条件方面的落后。比如,目前还解决不了灌溉的问题。由于当地干旱少雨,很多农户都要"靠天吃饭",降雨影响着他们的收入。在和很多农户交谈的过程中,他们都抱怨土地少,并且绝大多数农户都希望政府能够出资建设灌溉设施。中央目前大力倡导现代农业与小农经济相衔接,这一思路具有重要的指导意义。但完成这一衔接需要农村生产基础设施的进一步完善。比如电要能到任何地方,且成本不高,水要能到必要的地方,这样才能建设设施农业,网络要能够达到必要的地方,这样才能建设物联网,从而让消费者监控整个生产过程。还有道路,应该到达田间地头,这样线上交易和线下交易才能互动,才能让农村农业的物流畅通。考察基础设施和经济增长之间联系的早期理论大都发现公共基础设施在经济发展中的重要性。包括新古典理论在内的大部分研究都典型地假定"资本边际收益递减",因而基础设施投资的潜在收益可能被一系列限制因素所约束,例如缺乏互补投资、存在制度瓶颈等。罗默的内生增长理论已经表明,至少在理论层次上,边际收益递减可以被削弱或抵消,所以在长期中基础设施投资能够对经济增长率产生正效应。[①] 而以克鲁格曼为代表的新经济地理学的文献也

---

① P. M. Romer, "Increasing Returns and Long-Run Growth", *The Journal of Political Economy* 94, 5(1986), pp.1002–1037.

指出，基础设施投资能够导致全要素生产率增长，影响方式有三种：市场扩张导致规模经济；空间集聚导致集聚经济；引致创新效应。① 因而，基础设施投资对农村经济的持续增长效应，将不仅取决于公共投资的规模和类型，还取决于可能促进或妨碍其效应的一系列因素。可见，基础设施建设的重要性。

第四，农村教育和医疗成本太高。中国人都重视教育，农村人也是如此。但是2003年开始的合村并镇让农村人的教育负担加重。以梅杖子村为例，合村并镇后，小学需要到镇上或者县城里去读，初中、高中也是如此。这样一来，很多农村孩子就得住校，一周回来一次，加上学费、杂费等各种各样的费用，一年下来，一个小学生的花费也在万元以上，一年1万元，高中读下来是12年，12万元，如果考上大学，还得继续供读。考上一个好大学还可以，如果考的是三本或者中外合作办学学校，费用就更高了，一般都是1.5万~2.5万元，加上杂费以及吃喝用度各项费用，一年下来得3万元，四年就又是12万元，两个12万元就是24万元。对于一个农村家庭来说，如果没有稳定的外出务工收入，那是不可想象的。这还仅仅是大学本科，目前很多本科生就业困难，尤其是专业不对路或者没有一定社会关系的。如果没有好的就业机会，加上房价很高，农村出来的孩子负担很重，最后又转嫁给自己的家庭，农户家庭就会陷入贫困境地。许多家庭为了孩子上

---

① P. Krugman, "Increasing Returns and Economic Geography", *Journal of Political Economy* 99,3 (1991),pp.483–499.

学,只好贷款、借债,有的甚至借高利贷,因此陷入更加贫困的境地。政府救济覆盖面小。目前,我国农村各类贫困人口和贫困家庭的数量仍然较多,尽管每年国家都拿出相当一部分资金用于救济扶贫,但仍有许多贫困户和贫困人口得不到救助。有的地方因贫困人口多,便采取轮流救济的方式,这样有的困难户会因失去救济难以生活,有的得到了,也是救急不救贫,不能解决根本问题。

医疗成本也很高,尽管现在有新农合,而且覆盖率几乎是百分之百,但由于进入新农合系统需要一些条件,比如必须住院,门诊不给报销,必须指定的医院,非指定的医院不给报销,使获益的成本增大。简单来说就是农户仅自己应该负担的那部分都负担不起,因为各种费用都很高,检查费用高,药价贵,等等。因此,大病还是很难保障的。农民应对大病的方法依然是"扛",扛不了了就是"死"。但平时用药就让家里的日子很难过。"因病致贫""因病返贫"是农村的惯常现象,道理即在于此。梅杖子村建档立卡户的资料表明:病、残依然是农村家庭贫困的主要原因。在很多人家看病就医费用仍是一笔不小的开支,"小病拖,大病挨,病倒才往医院抬"是梅杖子村贫困农户看不起病的真实写照。此外,家庭成员中有残疾的,也需要就医治疗,有的虽不再花钱救治,却也失去了劳动能力(有的还是家庭的主要劳动力),有的甚至瘫痪在床,连基本生活都不能自理,还需要人照顾,即使家庭其他成员想外出打工也是不可能了。在贫困地区,农户收入本来就少,若一些家庭成员生大一点的病,就会让贫困的家庭更加贫困。梅杖子村大多数贫困家庭中都有身患重病的成员，家庭支出中医药费用占据了大部分，家中有人患病不仅减少了劳动力的数量而且进一步增加了家中的经济负担，两者相互影响就使贫困人口更加贫困。

第五，农户的自身素质和知识水平有待提高。从前面的调查可以看出，贫困家庭的成员往往受教育水平不高，相比较而言，非建档立卡户的素质要高一些，尽管并不是很显著。绝大多数贫困户受教育水平都比较低，没有上过大学。这里实际上可能有一个互为因果的关系，即受教育水平低也有可能是家庭代际贫困的结果，当然，也可能是受教育水平低导致农户在获得收入上的能力欠缺或者视野思维欠缺。除此之外，还要注意到这不能作为一个普遍的规律。有些农户确实很勤劳，但就是没上学或者某种原因失去了劳动能力，从而导致日子艰难。还有一些农户确实就是好吃懒做、素质低，也缺乏提升素质的信念和决心，习惯于等靠要，习惯于别人救济。有些农户家里摆放着供奉的菩萨，整天打麻将，等等，不一而足。也有的个别贫困户室内环境非常脏乱，大人包括小孩的衣衫都十分不整洁，屋里的地上、炕上都有很多的杂乱东西。还有一些农户，不懒但观念传统落后。有一部分的低收入农户对商品经济至今还很不习惯，他们视农为本，宁愿守着土地受穷，也不愿冒险外出经营工商业；而且许多农户存在听天由命、消极悲观、缺乏信心和勇气等，寄希望于"老天爷"——风调雨顺。并且依靠国家支援、救济的思想比较严重，以吃救济、拿补贴为理所当然；观念保守，不愿接受新技术。这些人可以归结到自身素质不高范畴之内。舒尔茨在《改造传统农业》一书中谈到，改造传统农业的关键是要引进新的现代农业生产要素，这些要素可以使农业收入流价格下降，从而使农业成为经济增长的源泉。新的生产要素包括对劳动力进行人力资本投资。

第六，农村资金匮乏。贷款难、贷款贵、贷款繁，可说是农村经济发展的一个"老大难"问题。2014年的一项调查显示，农民的贷款需求非常强烈，但农村家庭正常信贷获批率只有27.6%，远低于40.5%的全国平均水平。现实中，一些金融机构"货币池子"资金充沛，但就是不愿流向农民群体。究其原因，农民质押物少、农业风险大、金融机构放贷成本高、农民征信记录少等，都让金融机构有所顾虑。也正因此，市场上面向"三农"的金融产品十分匮乏。建昌县近几年一直致力于加大农村金融体制改革，但由于市场的不完全性，农村金融市场还没有形成自由竞争，因此对农村经济的支持还未到位，一些附加值较高、未来前景较好的农产品项目无法推行，造成经济损失。建昌县的财政补贴用于农业方面的较少，没有建立农业风险补偿基金和优惠补贴基金，对于农村经济的支持力度不足。对于民间资金进入金融市场也没有出台相关的法律文件，没有明确贷款公司、合作社等准金融机构的性质，使它们享受不到优惠政策，不能真正发挥农村正规金融机构的补充作用。建昌县农村与县内金融市场相分割的情况导致金融发展受到限制，农村资金外流现象严重，主要表现在商业性银行在农村吸收了大量的存款但是不发放贷款给农民,而使资金上流向城市;建昌农村信用社近几年的存款远远大于贷款,存款除了作为存款准备金,大部分也都流向城市了;邮政储蓄网点发放的贷款基本在20万元以下,大于20万元的需要上级审批,因此吸收的存款也大部分上存了。这些表现使城乡之间的金融服务相对独立,资金不能实现良性流动,资源得不到有效配置。在这种背景下,农民没有办法致富。我们认为,这可以归结为资金性贫困,受制于"启动资金瓶颈"。由于农业生产周期长,资金周转速度慢;易于遭受自然灾害,生产风险大;农产品量大价低,市场销售风险大,利润率低。现阶段,虽然政府对农民种粮、购买农机等实行直接补贴,但政府补贴金额不高,加上农资成本上升,对农民生活改善非常有限。实际上,贫困群体是陷入了投资资金匮乏与财富难以积累的恶性循环而难以脱贫。

第三章

梅杖子村的脱贫经验

第一节　扶贫与脱贫：村干部与贫困户的共同努力

一　最大的亮点：念"牛"经

辽宁省建昌县是多年的国家级、省级贫困县，位于建昌县山区的梅杖子村人均耕地少、土壤贫瘠、干旱缺水，村民大多种植玉米，全村 386 户 1645 人，2015 年有近 1/5 的农户处于贫困线以下。为了脱贫，梅杖子村党支部书记段国军费尽了心思，带着村民不断想办法、找出路。他带着村民试种过耐旱的枸杞，但因为人工费高，缺乏技术，没成功；打了两眼 100 多米深的井，也因为干旱干涸了……面对失败，段国军没灰心，更没放弃，依然在寻找致富的道路上摸索着。

一天,看百姓用苞米秸秆烧火时,段国军突然来了灵感:秋天到处都是的秸秆,没人要就烧荒了,还污染环境,可是实际上这是牛的最好的天然饲料!于是,段国军拉着村委会的几个党员干部冒着风险,养了几头牛,没想到还真都挣了钱。有现成的秸秆作饲料,还不废水,大牲口也不容易生病,养牛让段国军看到了新的致富希望。养牛是好,可是村里的贫困户却没那么容易接受。"一头好牛得一万多块,我家三口人一年也挣不来一万多,哪有那些钱啊!"梅杖子村一贫困户无奈地说。

缺本钱,一直是贫困户脱贫的最大障碍。为了贷款,段国军带着村干部们没少往县城的信用社跑,可一打听却傻了眼,原来按信用社规定,贷款得拿门市房抵押,还得找县级以上的公务员担保。可是现在这些贫困户连房子都漏,上哪儿找门市房、上哪儿找那些公务员去担保!就在干着急的时候,2014年12月,辽宁响应中央号召打响了脱贫攻坚战。在深入了解脱贫难题、经多次研讨论证后,建昌县决定,针对梅杖子这类贫困村实施"金融扶贫",每个建档立卡的贫困户可以享受3年3万元的贷款,5.226厘的利息中,政府出4厘、个人掏1.226厘。这样,贫困户每年只需还一百多块钱利息,而且贷款手续也简化了。得知这一消息,段国军激动地跳了起来,对乡亲们说:"这次精准脱贫,国家、县政府给咱们优惠政策、贴息贷款,这回咱腰杆硬多了,咱梅杖子村的春天真的来啦!"

养牛风波：一系列的交锋

◎ 坚定精准扶贫信念：开会确定养牛户

2015年12月14日，村党支部书记段国军和村委会副主任林培学来到村内党员家中，通知次日在村委会会议室召开党员会议，此次会议内容主要是在前期确定的建档立卡户中选择"有脱贫能力"的家庭，动员他们"养牛脱贫"。

段书记和林副主任对此次会议非常重视，挨户通知完后，天色已晚，二人并没有回到各自家中，而是来到村委会，一方面为明天的会议做一些前期准备工作，另一方面他们二人根据自己的了解对建档立卡户做了初步筛选，并达成一致意见。就这样，村委会的灯一直到晚上11点多才熄灭。

12月15日8时许，党员陆续来到村委会会议室，段书记见人已基本到齐，便要求大家保持安静准备开会。35名党员，实际参会33名，未参会的两名党员因确有急事而不能出席，符合开会的法定人数要求。

会议开始。段书记和林副主任两人首先重申本次开会的主要议题，然后将事先打印好的建档立卡户名单发给与会党员，嘱咐各位党员对认为适合"养牛脱贫"的建档立卡户进行无记名投票，并要保证客观公正。

大约半小时后，与会党员在经过慎重考虑后做出了自己的选择。段书记马上组织统计选票，并公开唱票。投票结果显示，党员选票比较集中的有35户。针对被选出的35户，段书记再次组织党员发表意见，剔除争议较大的两户，33户被确定为"养牛脱贫"对象，其中15户为低保户，18户为一般贫困户。

在做了相关记录后，本次会议宣告顺利结束。

◎精准扶贫遇挑战：公示惹抗议

12月16日，段书记组织村委会干部将昨日会议结果张贴公示。张贴地点位于村内几处人流量较大的地方，公示内容经过村民的口口相传很快取得了比较好的传播效果。

很快，一些村民开始通过电话联系段书记和林副主任，有的村民甚至直接来村委会找段书记和林副主任"抱怨"。

这些村民有的抱怨自己为何没有被纳入"养牛脱贫户"，有的则抱怨为何将自己纳入"养牛脱贫户"。前者多是看好被纳入"养牛脱贫户"后所能享受到的政策优惠，后者则对精准扶贫前景持悲观态度。值得注意的是，后者全部是已经被纳入精准扶贫名单的"低保户"。

段书记和林副主任让打电话"抱怨"的村民也来到村委会。过了一段时间，相关村民基本到齐，段书记给大家开起了调节会和思想沟通会。

对于未能纳入"养牛脱贫户"的村民，段书记和林副主任向其讲解相关评选标准和评选过程，并当场拿这些村民的条件与评选标准作比较。面对事实，"抱怨"的村民表示同意评选结果，就这样这类村民的问题得到了比较顺利的解决。

对于不愿进入"养牛脱贫户"的村民，段书记和林副主任安抚他们的情绪，并同样向他们介绍相关标准和过程，但是效果并不理想。

低保户PSP首先站出来说："我儿子出车祸死了，哪有心情去养牛，我们安安稳稳拿个低保，饿不死就行，一旦养牛赔了，拉一屁股债，那时候我们咋整？"看到有人出来抱怨，其他人也争相诉说自己家的"苦衷"，现场陷入混乱。

看到这种状况，林书记认识到已不具备调解条件，便大声喊道："大家保持安静，咱们一个村里住着，大家信我老林一次，我一定会妥善处理此事，今天大家先回去吧！"见林书记都这么说了，毕竟一个村里住着，村民中有人提议："先回家吧，看老林咋办！"就这样，村民逐渐散去。

今天的调解虽然暂告一段落，但是段书记和林副主任的调解难题才刚刚开始。

◎精准扶贫不动摇：村委会再次组织会议

面对一些低保户拒绝参与"养牛脱贫"的情况，段书记组织村委会班子主要成员开会，讨论如何解决部分低保户不愿"养牛脱贫"的问题。

2015年12月17日上午9时，村委班子成员如期来到村委会办公室开会，段书记首先介绍了当前有10户低保户拒绝参与到"养牛脱贫"当中。本来以为这是便民利民的好事，出现这种状况确实始料未及。

林副主任直言："这些人就是穷惯了，太懒了。"对于这种评论，村委会班子其他成员纷纷表示同意，段书记更是认可这种看法。

村委会班子成员之所以会有这种看法其实是有原因的。村里探索建立起"贷款＋购买＋喂养＋牛粪处理＋成品牛销路"全程管家式模式，并通过与县农村信用社合作为每户养牛户争取到3年3万元额度的贷款，且担保简单、利息低，如此优惠的条件与那些低保户的反应形成鲜明对比。

段书记认为当务之急是研究如何解决问题，提议其他成员出谋划策。经过一番讨论，大家意见趋向一致，即先前确定的那些低保"养牛脱贫户"肯定是要上项目的，因为之前的评选标准和过程都是相对公平的，应采取"逐户走访，各个击破"的方式加以解决。

◎精准扶贫不动摇：村委会再次组织会议

为了不影响整体项目推进，事不宜迟，段书记和林副主任决定立即展开入户劝解工作。

在此之前，村委会班子成员按照劝解难易程度对这些村民进行了排序，并决定按照由难到易的原则开展劝解工作。12月18日，段书记和林副主任两人入户劝解。

首先，段书记和林副主任来到村民PSP家开展劝解工作，耐心询问其抵制原因。

PSP直言："我跟老伴这样凑合过着挺好，养啥牛？万一赔了咋整？"段书记马上说道："老潘，你不能这么合计，这样过日子外债啥时候能还上？现在国家政策这么好,你得好好利用啊!"

面对段书记的劝解,PSP夫妇似乎听不进去,反复强调自己现在这样挺好,不需要养牛。见此情形,段书记只好无奈地说:"老潘,你再好好考虑一下!"

第一户的劝解工作就这样无果而终。

◎ 精准扶贫"窝里反":回家受埋怨

第一天劝解工作的碰壁使段书记心情低沉,回到家呆呆地坐在凳子上,脑子里一片空白。

妻子正在忙家务,见他也不帮把手,气便不打一处来,开始数落起段书记来。妻子先是埋怨他就知道忙村里的事,家里一点也不操心。后来,甚至说道:"干了这么多年书记,净往里搭钱了,啥好处也没落着,凭你的工作成果好歹给调到镇里去工作啊,你看看现在家里都成啥样了!"

面对妻子的埋怨,段书记心里很清楚这些年自己对家里亏欠得太多。只能解释说:"整个县里都这样,我也不能撒手不管了,咱办事儿不能那么整。"

妻子这样埋怨并不是第一次了,像段书记这样的村书记每次只能这样应付家人。

埋怨只是一时的,工作还得继续,接下来如何劝解这些"阻挠户"才是重点,段书记如是想。

◎ 精准扶贫要反思:回头看与向前干

有了前一次失败的劝解经历后,段书记认识到下一步不能再那么唐突地开展工作。于是,第二天一大早便来到村委会办公室期待与大家研究如何开展下一步工作。

村委会成员一致认为之前的工作开展得有些唐突，需要进一步厘清思路。林副主任提议："他们的主要顾虑就是怕担风险，而且确实长期以来享受低保，变懒了，我们应该在下一步的工作中主攻他们的软肋，给他们以看得见、摸得着的希望。"其他村委会成员也纷纷表达了自己的看法。

村委会成员的观点与段书记的想法不谋而合，大家进一步商量了下一步劝解工作的具体细节。段书记鼓励村委会成员排除顾虑，齐心协力把这件事干成。

◎精准扶贫遇挑战：低保户的小算盘

12月20日，段书记和村委会其他成员一起又来到了村民PSP家，在经历了前一次失败劝解之后，段书记的劝解工作显得更有底气。

一上来，段书记便将养牛的政策优惠条件悉数摆给PSP夫妇，并说明尽管低保政策的待遇越来越高，但享受低保并不是长久之策，想要过好日子还得靠自己的双手。

PSP虽还是心有顾虑，但似乎有些松动，问道："我从没养过牛，买了牛万一养死了，赔钱了咋整？""万一我到后来又返贫了，我还能享受低保吗？"看似平常的两个问题，却道出了沉积在像PSP一家这样的低保户成员内心的根本顾虑。

见此情形，段书记连忙解释道："老潘，这次村里上养牛项目是经过慎重考虑的，你们的顾虑村里都考虑到了，有村里作你们的坚强后盾，村里会为你们提供全程服务，你就放心去致富吧！假使你到最后返贫了，只要符合低保条件，村里依旧会按照规定给你办低保，这你大可放心。"

听到这番话，PSP夫妇内心的顾虑终于被打消了，表示只要村里提供保障，他们愿意参与到"养牛脱贫"项目中。就这样，第一座"山头儿"攻下。

有了第一次的成功劝解经验，次日，其他9户的劝解工作也水到渠成，开展得相对顺利，其中5户表示同意参与"养牛脱贫"，4户表示再慎重考虑一下。总体上，劝解工作还是向前推进了一大步。

◎精准扶贫捷报传："小众"变"大众"

看到大部分"阻挠户"纷纷选择参与到"养牛脱贫"项目当中，在接下来的几天中，剩下的4户也以各种方式（电话或当面）表示愿意参与"养牛脱贫"。

听到"阻挠户"接连同意参与到"养牛脱贫"项目当中，包括段书记在内的村委会班子成员由衷地高兴，不仅仅是因为自己的工作得到了村民的认可，更是因为精准扶贫工作终于又能向前推进了。段书记更是表达："能够帮助这些有脱贫能力的家庭真正脱贫是我们这些村干部的最大期望。"

喜讯传来固然是好事，段书记也深知其中有些"阻挠户"虽然口头上同意了，但还不是那么坚定，还需要为他们再打一次气。

◎精准扶贫破藩篱：现实困境要"打气"

2016年1月8日,段书记和林副主任召集先前拒绝参与"养牛脱贫"的那些低保户来到村委办公室,为他们"打气"。

意料之中,现场仍有人表达自己的担忧,这使村委会班子成员更加肯定了召开此次动员会的正确性。林副主任向村民细致介绍了养牛的安全性和收益的可观性,给村民们最后吃了一颗强力"定心丸"。

在听到林副主任的讲解之后,村民们逐渐打消疑虑,纷纷表示自己肯定会参与养牛,这也给村干部们吃了一颗"定心丸"。至此,关于"养牛风波"的劝解工作结束了。

"养牛风波"的劝解工作虽然结束了,但是也暴露了精准扶贫过程中遇到的一些问题。农村低保待遇不断提高,本应成为精准扶贫工作的"贤内助",为何当前却成为精准扶贫工作开展的障碍之一,以致一些低保户"宁愿守住低保户,也不走向致富路"。农村低保政策与精准扶贫工作如何协同推进……

资料来源:清华大学公共管理案例分析大赛分析报告《农村低保政策与精准扶贫协同推进研究——以辽宁省建昌县为例》。

有了本钱,段国军和村干部立刻忙碌起来,帮着村民跑贷款、买好牛。贫困户有了贷款,村干部本以为他们没有后顾之忧了。可没想到低保户PSP、FCJ夫妇还是不愿意养。问题出在哪里？原来他们一家本来日子过得有模有样，但五年前儿子发生一场车祸让他们陷入了困境。为了给孩子治病，家里不仅花光了存款，还欠下了四十多万元的外债。如果不养牛，靠低保、政府每年给点儿米面，这一年也是三千多块钱，可是养上牛后，FCJ担心欠的那些外债到时候还不上，低保还拿不到，养牛一旦赔了就连饭都吃不上了。为了从根上帮助PSP、FCJ夫妇，段国军一次又一次地和他们谈心："有外债才是动力，有外债咱才想办法挣钱呢不是，你看你就靠低保，低保一年给你三千两千的，这一辈子也还不上这些外债。要是牛养好了，三年就是十五头，咱们自身努力，自己去创造财富，只要干，肯定没问题。"苦口婆心，推心置腹，一点点鼓起了PSP、FCJ夫妇的信心和勇气，让他们放弃低保，加入养牛致富的队伍中。

翻开梅杖子村的贫困户档案，不难发现村里的贫困人口，无一例外，不是年老、患病，就是肢体残疾或智力障碍的弱劳动力，因病致贫、因残致贫的比例很高，不少农户都有外债。这也是多年脱贫工作到眼下剩下的最后一块硬骨头。这些贫困户有的不想干，有的不敢干，还有的懒得干。"授人以鱼不如授人以渔"，鉴于这种情况，段国军和村干部反复研究决定，想让这些人脱贫，村支部必须全程帮扶，以"村支部＋合作社＋贫困户"的形式打赢脱贫攻坚战。

2016年1月8日，村党支部把部分贫困户召集到一起，和大家唠唠扶贫政策，帮大家转转观念。段国军对乡亲们承诺：村委会将全程为大伙服务，包括买卖牛、饲养、防疫、技术服务等，带着大伙儿一起致富！为了开阔乡亲们的眼界，借着给一户选牛的机会，段国军和村干部决定拉上贫困户们一起去临近县的牛马大集看看，还专门请来合作社有二十多年买卖牛经验的经纪人老李，现场给贫困户传授起了选牛经。看到养牛的前景，乡亲们不再犹豫，致富的大门向梅杖子村村民们徐徐打开。养牛让乡亲们有了奔头，在村党支部和合作社的带动下，截至2016年1月13日，梅杖子村申请扶贫贷款来养牛的贫困户已经增加到了46户。

专栏：为什么念"牛"经？

1. 调整农业结构，发展有机生态农业的需要

土地是农业生产最主要的资源，而土壤有机质的增加，主要靠种草养畜以积肥，种草做绿肥，种草留根瘤肥田。据统计，目前农区每年生产的农作物秸秆中，能够直接利用的部分仅占1/4，其余3/4的秸秆、秕壳等副产品，需要通过养殖业加以利用，以过腹还田的形式，增加土壤肥力，这不仅有利于改良土壤，粮食增产，减少农药化肥对土地的污染，改善农村的卫生环境，而且还可减轻燃烧秸秆对大气的污染，进而保证种植业和养殖业的健康发展，改善生态环境。建平县有大量的秸秆等农副产品以及青绿饲料，为发展肉牛生产提供了丰富的物质基础，农区发展养牛业（育肥）可收获多重效益，对保护林木草地、促进退耕还林还草、发展有机生态农

业具有非常重要的现实意义。

2. 加强科学技术应用,提高养牛水平,加快农民致富步伐的需要

改革开放以来,辽宁省充分利用本地适宜的自然环境、丰富的饲草料资源及丰富的养牛经验,加强先进科学技术的推广应用,加大本地肉牛品种改良、秸秆养殖、塑料暖棚饲养快速育肥和防疫灭病等技术推广应用,提高肉牛养殖业的发展水平,把肉牛养殖列为支柱产业,使养牛业进入了高速发展的新时期。本项目的实施,对提高农民的科学技术水平,拓宽就业渠道,增加农民收入,具有重要的意义。

3. 进一步延伸产业链条,促进肉牛育肥规模化、产业化发展的需要

本项目在充分利用石佛乡的玉米、豆类、农作物秸秆等饲草料相对丰富等优势的基础上,通过集约化养殖肉牛,进一步扩张养殖规模,保证了对肉牛加工所需原料的有效供给,提升和带动项目区内肉牛产业链上下游种、养、加、贸等相关行业发展水平,促进提高畜牧产业经济效益和社会综合效益,实现畜产品的大幅增值。

4. 增加地方财政和农民收入的需要

本项目的实施,以经济利益为纽带,充分利用企业自身资本优势,引导本地区农村闲置劳动力、返乡农民工以农村现有条件,简单改造建立起饲养成本较低的大型养殖基地,农民年增收3万~4万元,是传统养牛收入的3倍多。本项目的建设,不仅带动农民以种植和

养殖业增加经济收入，而且有效利用了粮食秸秆等中间产物。此外，本项目的建成还可带动种植业、牛产品加工业的发展，促进相关企业收入持续稳定增长，拓宽就业渠道，从而使地方财政收入渠道拓宽且实现稳步增长。

5. 提高牛肉质量，增强市场竞争力的需要

市场是商品生产的先决条件，中国肉牛业持续发展的关键是开拓市场。牛肉的国内外市场很广阔，潜力也很大。目前国产牛肉在国内市场却时有滞销情况，国外市场只局限于部分低档牛肉的销售，问题根源在于质量制约。长期以来，国产牛肉中优质牛肉所占比重太小，国内大宾馆、饭店及外资餐厅等所需的牛肉国内无力供应，只好高价进口。一般大众所需的牛肉，也由于质老、烹饪费时而食用单调，限制了国人消费。国产牛肉不能打入西方国家牛肉市场的重要原因之一，也是牛肉质量不符合要求。由此可见，提高肉牛质量是中国肉牛产业持续发展的关键。本项目旨在引进先进的生产技术，运用科学的育肥方法，树立"品牌"形象，提高牛肉质量，这对开拓市场、增强市场竞争力尤为必要。

6. 控制优质牛源，实现合作社可持续发展的需要

肉牛育肥，不仅可以缩短生产周期，降低饲养成本，减少草场载畜量，还可以改善肉质，满足市场对高档牛肉的需求。合作社的不断发展壮大，扩大产能，尤其是养殖出栏能力的增强成为其发展的关键环节。所以建立育肥基地不仅可以确保自己的优质牛源供应，还可以在一定程度上灵活地应对市场价格等因素的变化，有利于企业综合竞

争力的提高,从而实现合作社的可持续发展。

资料来源:《千头肉头育肥基地建设项目可行性研究报告》,http://www.woc88.com/d-37372.html。

2016年9月1~2日,国务院扶贫办刘永富主任一行到辽宁省葫芦岛市开展调研,先后考察了建昌县石佛乡梅杖子村基层组织和合作社带动脱贫情况、巴什罕乡万亩现代水果种植扶贫示范基地和辽宁省科协驻小德营子乡新立屯村帮扶情况,并入户调研。刘永富主任在梅杖子村深入养牛户中仔细询问了有关情况。

刘永富主任在调研时指出,辽宁省委、省政府坚决落实中央脱贫攻坚决策部署,全省上下齐心协力,方方面面积极行动,基层干部有想法、贫困群众有干劲,脱贫攻坚有了良好的基础。他强调,辽宁省属东部省份,发展基础较好,要继续在工作中做出表率。一是创新体制机制,提高脱贫攻坚资源使用效益。采取措施,加强宣传引导,转变观念,让贫困群众的心热起来、行动起来,增强贫困地区贫困人口内生动力。建立扶贫龙头企业和贫困群众联结机制,强化贫困群众参与。二是坚持问题导向,杜绝形式主义。针对以文件落实文件、以会议落实会议、驻村干部走读挂名、贫困识别和资金项目不精准等问题,从党风建设、制度建设、用人导向、政策引导等方面入手,坚决纠正扶贫工作中的形式主义问题。三是适应形势,探索扶贫开发新思路。逐步探索解决相对贫困问题,研究城乡一体的扶贫开发体制机制。四是落实金融扶贫政策，拓宽脱贫攻坚资金来源。切实发挥银行和地方政府积极性，落实特惠金融政策，做大扶贫小额信贷规模，满足贫困群众资金需求，支持建档立卡贫困群众发展产业。

2014~2016年，建昌县的贫困人口已从70051人减少到40242人，省级贫困村由126个减少到89个。全力以赴开展扶贫攻坚，到2020年实现不漏一户、不差一人地消除绝对贫困人口，实现全面建成小康社会的奋斗目标。

2017年2月，建昌县召开了全县脱贫攻坚大会。在这次大会上，石佛、王宝营子、雷家店等7个乡镇被评为2016年脱贫攻坚先进乡镇；石佛乡梅杖子村、小德营子乡新立屯村、大屯镇马道子村等5个村被评为2016年脱贫攻坚先进村。牤牛营子乡副乡长兼扶贫办主任岳建春、建昌县电视台台长助理赵拓、石佛乡梅杖子村支部书记段国军、小德营子乡新立屯村脱贫农户曹振华等21人被授予"2016年脱贫攻坚先进个人"荣誉称号。

会上一致认为，石佛乡梅杖子、黑山科乡梁杖子等村的实践证明，"强党支部+脱贫合作社+建档立卡户"精准脱贫模式是可复制、可推广的成功经验。目前，该模式已在全县各贫困村进行推广，并得到了国家和省、市领导的充分肯定，阜新、朝阳等市相继到建昌县学习。石佛乡梅杖子村的养牛模式，被中央电视台和国内主流媒体宣传报道，并得到国务院扶贫办刘永富主任认可，初步践行了原辽宁省委书记李希同志在建昌调研时提出的要探索可复制、可推广脱贫模式的要求。

图 3-1 贫困户的牛棚

案例 精准扶贫与低保政策的冲突

贫困问题是最尖锐的国际社会问题之一。我国农村人口数量十分庞大。农村将是我国的主要"扶贫阵地"。党的十八届五中全会提出,到 2020 年要实现全部贫困县摘帽。时间紧迫,任务繁重,要想完成这一目标,我国现行的农村扶贫政策必然要改革与优化,下一阶段的扶贫工作也应切实推动由"大水漫灌"向"精准滴灌"的转变。然而,实际上我国农村现行低保政策的若干内容却阻滞了精准扶贫工作的有效实施,建昌县梅杖子村就面临着这一问题。

建昌县不仅是多年的国家级、省级贫困县,也是原辽宁省委书记李希的扶贫联系点,梅杖子村则是该县 126 个贫困村中的典型。一方面,该村脱贫工作实践是建昌县精准扶贫工作的一个缩影；另一方面，该村在推行"养牛脱贫"时遭遇到的"低保阻挠"则是农村低保政策与精准扶贫工作冲突的缩影。

现阶段的农村扶贫工作开展处于新旧交替期，即农村低保政策与精准扶贫"双轮并行"的模式。理论上，二者的结合应产生"1+1>2"的效果，但实际上，二者的同步运行出现了"1+1<2"的结果。

为更好地分析农村低保政策和精准扶贫协同推进问题，本案例从辽宁建昌梅杖子村实施精准扶贫过程中出现的"养牛风波"入手，旨在探讨以下几个问题。

一是以梅杖子村精准扶贫工作遇到的"养牛风波"为例，分析我国农村低保政策与精准扶贫之间存在的冲突。

二是农村低保政策和精准扶贫政策本质和过程具有目标一致性，但是，在实施过程中存在冲突，那么这些冲突从何而来？

三是基于对以上问题的思考，探究应该如何破除制度变迁中的路径依赖问题，换言之如何促进农村低保政策与精准扶贫政策的协同推进，以助力实现中国梦。

◎制度变迁中的路径依赖理论

道格拉斯·C·诺思认为"人们过去作出的选择决定了他们现在可能的选择"，[1]一旦一种"好"的发展轨迹建立，以后的制度变迁可能进入良性循环，迅速优化；

---

[1] 〔美〕道格拉斯·C·诺思：《经济史中的结构与变迁》，陈郁、罗华平等译，上海三联书店，1991。

一旦一种"坏"的发展轨迹建立，以后的制度变迁可能顺着原来的错误路径进入恶性循环，甚至会被锁定在某一无效的状态之下，不能自拔。也就是制度变迁存在着路径依赖，一旦走上了某一条路径，它的既定方向会在以后的发展中得到自我强化，制度创新也要遵循一定的规律才能进行。"当制度失衡发生时，制度变迁的过程，是从由历史决定的结构中的一种安排的变迁开始的，然后逐渐延伸到其他安排。制度变迁因而取决于现存的结构。"根据诺思的路径依赖理论，一旦某种发展轨迹被选择后，一系列的外在性、组织学习过程及主观模式都会加强该轨迹。在此过程中，会形成一些与现有制度共存共荣的组织和利益集团，且当该制度面临变革时，这些组织和利益集团将会阻碍制度改革尝试，并努力维持现有状况。

◎ "养牛风波"中"路径依赖"带来的冲突

在梅杖子村"养牛风波"的案例中，低保政策与精准扶贫政策的交接并不顺利。低保政策实现的是保障功能，而精准扶贫更多实现的是激励功能，两者虽然在最终的政策目标上是一致的，却有不同的路径选择。

结合"路径依赖"理论，在此将梅杖子村对于低保政策强路径依赖而引发的与精准扶贫的冲突总结为以下两点。

一是贫困户对低保政策形成了极强的路径依赖，主观上否定了精准扶贫的效益。农村低保政策以其稳定长久且回报递增的优势，已经在梅杖子村的贫困户群体中形成了强路径依赖模式，并且具有自我强化的功能与趋势，村中的贫困户们往往"宁可守住低保户,也不走向富裕路"。

二是制度环境的相对固化造成了原有低保政策的体制性路径依赖。在扶贫工作中,精准扶贫这一新生政策遇到了农村低保政策的阻碍,其根源还是利益获取的问题。梅杖子村的贫困户们关心的核心问题是精准扶贫项目失败了怎么办,因此往往会选择之前的道路。低保政策的深入人心造成制度环境的固化,精准扶贫难以在这样贫瘠的制度土壤中生存。

◎ "养牛风波"中冲突的原因

在梅杖子村的调研中,贫困户们更偏好于低保政策,而对于精准扶贫政策却持怀疑和观望态度,戴着贫困户的帽子便不想摘,不能摘。梅杖子村的"养牛风波"表现出贫困户对低保政策的强依赖性。由此不免让人生疑:如此顽固的路径依赖是如何产生的,又有哪些因素放大、强化了贫困户对于低保政策的路径依赖。

保罗·皮尔逊认为,制度惯性之所以能形成,关键在于制度一旦形成,随着时间的延续会产生"回报递增"的效果,它通过三种方式发挥作用:制度成本、适应性预期以及利益群体的作用。① 对于梅杖子村"养牛风波"的冲突,这三种方式具有一定的解释和分析作用。

首先,低保政策改革制度成本高,这里边包括社会成本与文化成本。要使低保政策更好地助力精准扶贫政

---

① 〔英〕保罗·皮尔逊:《回报递增、路径依赖和政治学研究》,载何俊志、任军锋、朱德米编译《新制度主义政治学译文精选》,天津人民出版社,2007,第134~157页。

策实施，改良和完善现有的农村低保政策是必经之路。然而，由于农村低保政策涉及范围广、社会影响力大、实行历史长的特点，它早已成为农村低收入人群过去的最优选择，更是未来的最优选择。除去改良所需的人、财、物等显性成本之外，隐性的社会稳定成本是我们所需要关注的。

其次，在低保政策变迁的过程中，文化环境变迁的制度成本也是极高的。人类学家刘易斯认为穷人之所以贫困和其所拥有的文化——贫困文化有关。"贫困文化"的表现是：人们有一种强烈的宿命感、无助感和自卑感。① 但贫困文化的特性决定了改变原有贫困文化十分困难，贫困人口对制度规则不认同和不遵循。加上其他大量的行为通过违规方式进行博弈，使制度存在事实上的虚置。这些都成为高额改革成本的一部分，直接造成精准扶贫与低保政策的冲突，难以协同并进。

保罗·皮尔逊提出行动者选择一个适应制度的行动方案时，不但能节约成本，而且能较为顺利地获得制度资源；相反，当行动者选择违背特定制度的行动方案时，就意味着付出昂贵的成本。这就形成了一种制度的"适应性预期"。适应性预期的结果就是行动者会在体制框架内寻求最优，并长期地稳定下来。②

凯瑟琳·西伦、斯温·斯坦默提出制度在塑造行

---

① 薛三让：《贫困文化不可漠视》，《中国国情国力》2007年第8期。
② 〔英〕保罗·皮尔逊：《回报递增、路径依赖和政治学研究》，载何俊志、任军锋、朱德米编译《新制度主义政治学译文精选》，天津人民出版社，2007，第134~157页。

方式的同时也在分化利益群体,不同利益群体对现有制度的态度截然不同。①

梅杖子村的农村低保制度的既得利益者得到制度的庇护,能够适应制度安排从而获得资源;农村低保制度庇护之外的部分体制外精英通过自己的努力也能实现获得资源的目标,他们虽然在价值观上可能不认同现有制度,但是在"比上不足比下有余"的心态中也愿意维持现有制度安排;比较矛盾的群体是体制内受损者,虽然他们在资源获取方面处于弱势地位,但是如果离开现有制度安排,他们的境况未必优于当前,所以,他们也不会直接反对现有制度安排。以上三种利益群体构成了现有扶贫制度的维护者。

另外,由于2016年建昌农村低保标准提高到每人每年3243元,农村低保户也将在子女入学、新农合和养老费缴纳等方面享受减免照顾,梅杖子村的贫困户们更加坚定了低保这条路径。这样一来,现有农村低保制度就具有了自我维持和自我强化的社会基础。而面对精准扶贫政策企图终止他们的稳定向好路径时,集体的排斥便会出现,也就是案例中养牛动员困难的关键所在。

整个社会犹如一张相互交织的制度立体网,新的制度安排从一开始就受制于这一制度立体网。这一过程如图3-2所示:"制度A"正在变迁,它将由"制度A"转变为"制度A1",然而它的变迁不是随心所欲的,事实

---

① 凯瑟琳·西伦、斯温·斯坦默:《比较政治学中的历史制度主义》,载何俊志、任军锋、朱德米编译《新制度主义政治学译文精选》,天津人民出版社,2007,第141~173页。

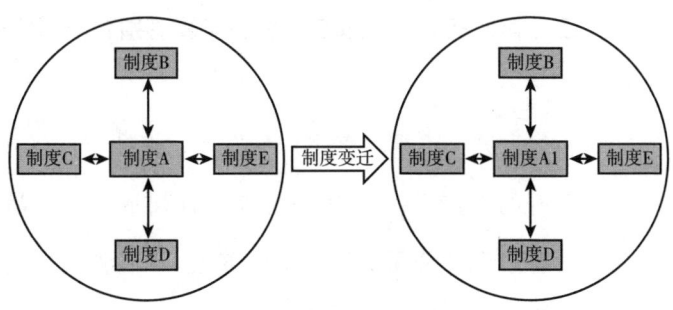

图 3-2 体制中的制度变迁

上,制度 A 与制度 B、C、D、E 之间相互作用,构建了一个制度场域。这一制度场域可以被称为"体制"。制度 A 在变迁时受到这一体制的牵制和约束,因此体制环境对于制度 A1 的影响巨大。

在梅杖子村我们发现,在入户调解中村民问询最多的问题:一是我要是加入了精准扶贫户是不是就不能上低保了,二是如果养牛赔了的话村里还能不能给上低保。可见,村民观念上存在政策概念的混淆导致个体极高的风险感知,反映出当下精准扶贫政策的制度环境的不成熟与强依赖性。因此,在制度变迁的过程中,要充分考虑体制环境,不能做简单的替换,而是要有"牵一发而动全身"的观念,否则就容易陷入路径闭锁的僵局中。

因此,不能简单地将低保政策与精准扶贫政策划分到两个制度变迁阶段中去,两者是相辅相成、协同推进的辩证统一关系。

资料来源:清华大学公共管理案例分析大赛分析报告《农村低保政策与精准扶贫协同推进研究——以辽宁省建昌县为例》。

二 有力的抓手：成立建昌县华森养殖有限责任公司

为进一步推动养牛产业发展，梅杖子村在县、乡两级政府的支持下，于2016年7月注册成立了建昌县华森养殖有限责任公司（简称华森养殖），注册资本为255万元人民币。这是一个在养殖、销售、改良、繁育中提供技术咨询服务，饲料、疫苗及防疫技术，信息技术培训的综合型畜牧企业。2016年11月正式投产。2017年，经过村两委人员和养殖员工的共同努力，获得利润15.6万余元，2018年，全年获得了纯收入15.9万余元。这样，村集体与以往相比就有了一点资金。这些资金虽然不多，但对于梅杖子村来说还是非常必要的，因为过去这里是一个"空壳村"。村集体没钱，什么也干不了，村里的卫生打扫等零活都没有办法完成。现在有了30余万元的积累，可以雇人干一些杂活了，有利于梅杖子村搞好垃圾处理、美化环境等工作。目前，已经建立牛舍1200平方米，投资300余万元，年纯收入在未来仍可以达到15万至20万元，甚至更多。这一方面为全村的养牛产业持续健康发展提供了坚实保障。另一方面也有利于村集体经济的发展，从而有助于乡村治理结构优化和治理水平的提升。目前，华森养殖主要经营牲畜养殖和销售。在公司发展壮大的3年里，华森养殖始终努力为客户提供最好的产品和最好的技术支持以及健全的售后服务。念好"牛"经始终是梅杖子村两委和村民的不变追求。

图 3-3 梅杖子村建立的华森养殖场

三 未来举措：建设梅杖子村大牲畜交易市场

2018 年，在段国军书记的谋划下，梅杖子村准备筹建梅杖子村大牲畜交易市场。省委、市委、县委对这一谋划都比较支持。建大牲畜交易市场的主要目的就是拉长肉牛养殖的产业链，即按照规模化、专业化、市场化的要求，拉长黄牛养殖产业链，逐步形成"市场带基地、基地连农户"的产业化格局，使养牛业成为梅杖子村脱贫致富的支柱产业。

根据牛的生产类型或用途，习惯上把牛分为乳用、肉用、役用品种和兼用品种。肉牛是指专用于生产牛肉的品种。中国的主要肉牛品种是黄牛，黄牛是长期以来我国役肉兼用为主的黄牛群体的总称，具体的品种有秦川牛、南阳牛、晋南牛、鲁西牛、延边牛、蒙古牛等。除此之外，

图3-4 筹建梅杖子大牲畜交易市场的地块

还有产于浙江省温岭的高峰牛，内蒙古三河地区的三河牛，由吉林、内蒙古、河北三省四地区联合育成的草原红牛，原产于新疆伊犁、塔城地区的新疆褐牛等，这些品种均属于国内有名的地方品种牛。东北肉牛区是我国肉牛业发展较早、近年来成长较快的一个优势区域，包括5个省（区）的60个县，其中吉林有16个县、黑龙江有17个县、辽宁有15个县、内蒙古有7个县（旗）、河北北部有5个县。该区域有天然草场面积约11.8亿亩，其中可利用草场面积8.85亿亩；同时也是我国粮食主产区之一，每年可产约5900万吨各种农作物秸秆，现在秸秆加工后成为饲料的份额不足总产量的50%，仍有50%以上的秸秆没有得到充分利用。该区域具有丰富的饲料资源，饲料原料价格低于全国平均水平；肉牛生产效率较高，平均胴体重高于其他地区。而且，区域内肉牛良种资源较多，拥有五大黄牛品种之一的延边牛,以及蒙古牛、三河牛和草原红牛等地方良种。近年来,品种的选育和改良步伐进一步加快,育成了著名的"中国西门塔尔牛",这一品种也成为区域内的主导品种。同时,该区域紧邻俄罗斯、韩国和日本等世界主要牛肉进口国,发展优质牛肉生产具有明显的区位优势。建昌县梅杖子村就处于东北肉牛区范围内。

目前,国内牛肉市场容量很大,远未达到饱和,养牛不用担心卖不出去。肉牛的价格也一直比较稳定,养殖的利润能够得到保障。肉牛全身都是宝,能为工业提供多种原料。牛肉可制成系列熟制品,如罐头、卤制品、灌肠、牛肉干等,风味独特,营养丰富;牛内脏、牛血可以加工成食品,用牛骨髓可以生产食品添加剂,用来强化食品营养,防治老人缺钙;牛骨还可以生产骨胶、明胶、皮胶、骨油、磷酸氢铵,它们广泛应用于造纸、电影制片、照相、医药、塑料、火柴等行业;另外,国内外利用牛的脏器已制成400多种生化药品,比如胆汁可用来提取胆红素,制造人工牛磺和肝素钠,其他腺体可用来提取胰岛素及一系列酶、激酶、激素等。建立大牲畜交易市场,有利于肉牛在此集中,从而带动肉牛的屠宰、加工等一系列产业链发展。目前,合规的土地流转已经完成,市场的发改委批文也已经批下来,2018年初村两委班子准备招投标文件,当时的打算是力争2018年8月开业。目前,这一市场已经如期建立,但规模还不够大。村两委班子正在筹制进一步发展壮大的措施,以期能够真正起到引领作用。不得不说,这一市场的开业有助于稳定养牛户,即建档立卡户的养牛信心。

第二节 脱贫经验

在走访梅杖子村时，调查组发现精准扶贫工作在这里开展得很顺利。从村干部的叙述中可以很清楚地看出，村干部们还是将精准扶贫工作推进得不错、有条不紊，而且几乎所有被调查的村民都认为贫困户的评定以及扶贫工作的开展都是非常值得令人称赞的。"解剖麻雀"是我们认识世界、理解世界的一种有效方法。我们在此也通过系统总结梅杖子村的脱贫经验来深度思考中国农村农业现代化的办法。因为是从感性认识上升到理性认识，所以我们主张从多个角度进行广泛思考，总结如下。

一 选好合适的产业，即符合本地资源条件的产业

产业是建档立卡户（贫困户）脱贫的核心，也是实现精准扶贫工作的有力抓手。梅杖子村两委班子认为，没有产业支撑的脱贫是不可持久的，也不能实现国家的精准脱贫任务。因此，他们一直琢磨产业，琢磨如何以产业为核心来推动各项工作的开展，包括在梅杖子村发展什么样的产业有助于贫困户脱贫。作为一个村的当家人，村党支部书记段国军等领导班子成员其实早就琢磨发展产业了，只不过都没有成功。用这里村民的话来说就是，这些年，为了带领村民脱贫致富，村主任林培学和村党支部书记段国军没少到外边"取经"，他们看别人家的村子怎么发展，

也尝试学习在种植经济作物上做文章，因为这个地方的百姓长年种植，觉得种植最为拿手，不用出远门，在家门口就把钱挣了。他们种过蔬菜、枸杞等，但都因为缺水、缺技术而宣告失败。缺水是这里当时难以克服的一个自然条件约束。和建昌县的很多地方一样，梅杖子村地处山区，人均耕地少、土壤贫瘠、干旱缺水。村主任林培学为了向来人展示这里的缺水程度，曾经有一次向山上大田里的一眼深井扔了一块石头，随后，只听"咣啷啷"的碰撞声，却始终等不来那"咕咚"的落水声。林培学说："根本没有水，用啥浇地？种啥都白扯！"这确实是事实。因为缺水，很多经济作物的种植只能"搁浅"了。后来，经过讨论、反思和总结，以段国军为支部书记的村领导班子一致认为，干啥都不如养牛。

养牛的效益总体上是可以的。当时，一头小牛犊一般在2000元左右，养大以后基本上可以卖到7000多元。牛是吃草的动物，这地方玉米种植量大，玉米秸秆就是很好的青贮饲料，可以降低成本。平均一天的养牛成本在7~8元，而且都是圈养，人工需要的不多，就是喂喂（喂草喂料）和打扫卫生。去掉成本之后，一头牛能有2000~3000元的利润。如果一户养3头，那么就是接近10000元的利润。牛的繁殖比较稳定，用过去的老话说，"母牛见母牛，三年五个头。"另外，建设一个牛舍不需要太大的地方，有一个30多平方米的地方就可以，当然如果空间充裕也可以建设得大一些。牛棚花不了太多钱，一般农户有2000~3000元投资就可以了。目前，很多农户还不需要建设专门的草料库，也不需要建沼气池等，只要定期把牛粪堆积到既定的地点即可。老百姓的人工不算成本。如果养的多，需要建设专门的规范的牛舍，目前，很多建档立卡户还不具备这样的条件。目前的模式基本是每家每户养牛3~4头，不放养但散养，还不是规模经济。村两委班子认识到，这是改变贫困的第一步，等经济条件好了，还要进一步规范。实际上，迈开第一步是非常重要的，即首先要让老百姓走对了路，走向一个有前途的产业。

养殖业是一个有前途的产业，一方面是消费升级的结果。随着居民收入的提高，食品消费的目标不仅仅是吃饱了，而是要吃得精、吃得好，因此会提高肉、奶、蛋在食品消费中的比重。这对于养殖业来说是利好。另一方面也符合农业供给侧改革的要求。目前，种植业不断向养殖业转移是一个大趋势，养殖业的利润比种植业要高一些。在养殖业内部，结构调整也是存在的。据调查，目前，养殖也从养鸡、猪逐渐转向养牛、养羊，猪、鸡都是耗粮型的，粮食的投入与增肉量的比例比较大，而牛和羊都是食草动物，属于节粮型养殖，因此得到国家的支持。梅杖子村选择养牛产业符合本地的自然条件和历史传统。这地方森林覆盖率大，空气好，水量不大但水质很好，传统种植业发达。过去养牛是山上放牧，山上有草，因此没有好好利用玉米秸秆，多年来都把玉米秸秆作为柴火烧掉，或者烂在地里了，没有把它作为饲料利用，实际上浪费了资源。而且，养牛在这里有传统，而且养得还不错。根据有关资料，早在20世纪90年代朝阳市地税局出资7万元、建昌县地税局无偿出资3.1万元扶持过石佛乡梅杖子村发展养牛。①2000年,林培学也带着村里的一些人养起了牛,通过养牛自己还买上了轿车,村里很多人也是靠养牛过上了好日子,段国军从2011年开始养牛,也挣了钱。在梅杖子村有这么一句顺口溜儿:"养牛好处真不少,一遍水来两遍草,没事牵出跑一跑,一年挣得也不少。"老百姓认同这个理,"养牛虽然不是暴利,但只要精心,肯定挣钱,而且满地的玉米秸都是最好的饲料。"因此,养牛产业对于梅杖子村来说,是一个符合目前发展实际的产业。

为了推动养牛事业健康有序的发展,梅杖子村计划注册肉牛绿色食品商标,计划建立大牲畜交易市场,通过"互联网+"和农村土地流转集约化经营的现代企业营销方式,打出辽西建昌养牛业的绿色无公害品牌,形成养殖、种植一体化产业链,让村民养牛交易在网络上和家门口进行,客商能够直接看到养牛细节和品质,当然,这是一个远大梦想和宏伟蓝图。但这种规划也极大地提高了村民养牛的积极性,在不远的将来也势必会带动全村、全乡养牛业的飞跃发展。牛多了,粪便多了,梅杖子村还要建立有机肥料加工厂,变废为宝,实现生态循环没有污染,建设清洁美丽乡村。

养牛是一个产业,还有没有其他符合本地资源条件的产业?经过外出学习和思想交流碰撞,段国军等领导班子

---

① 建昌县县志编纂委员会年鉴编辑部:《建昌县年鉴1996》,1996,第142~143页。

成员认为，光伏发电也可以作为农民脱贫的一个选项。很多人对这个项目不太了解，但实际上这个项目省心还有前途。

辽宁省属于我国太阳能资源丰富区域。全省阳光辐射年总量在100~200卡每平方厘米，年日照时间2100~2600小时。建昌县梅杖子村年平均日照时间可达2915小时，加之大陆季风性气候，光伏在这里可以得到长远发展。辽宁省共有耕地面积409.29万公顷，占全省土地总面积的27.65%，人均占有耕地约0.096公顷，其中80%左右分布在辽宁中部平原区和辽西北低山丘陵的河谷地带；园地面积59.85万公顷，占土地总面积的4.04%；林地面积569.07万公顷，占土地总面积的38.47%，是各类土地中面积最大的一类，东部山区是全省的林业基地，其他地区则是以防风固沙等保护性生态林为主；牧草地面积35.01万公顷，占土地总面积的2.37%，主要分布在西北部地区；其他农用地面积49.96万公顷，占土地总面积的3.38%。这一系列数据表明，光伏产业在辽宁省有很大的用地空间，与光伏产业日益拥挤的东南方比较，辽宁省无疑是另一片广阔天地。因此，对于没有养牛的贫困户，梅杖子村计划利用县里的政策试点光伏发电扶贫项目。

在具体的实际操作中，为了打消村民的顾虑，村党支部书记段国军率先安装光伏发电设备。然后，针对村里个别因缺乏劳动力无法养牛的农户，与国家电网签订合同，利用国家电网的精准扶贫光伏发电项目政策，选择20户建档立卡户作为支持对象。这一项目共落实资金47.424万元，户均2.3712万元。在自家庭院中安装分布式光伏发电太阳能板，并将产生的电能以每度0.79元价格卖给国家电网，按每天平均发电12度计算，年利润将近3500元。与此同时，与国家电网签订合同，利用国家电网的光伏发电项目发展集体经济，安装7.8kW光伏发电设备，占地50平方米，为村集体经济增收1万元左右。

图3-5 梅杖子村民院中安装的光伏设备

正如原辽宁省委书记李希视察梅杖子村时所言，产业扶贫是打赢脱贫攻坚战的重要举措，针对性更强、作用更直接、效果更可持续。要遵循经济规律、坚持市场导向，结合本地特色、资源优势，精准定位、科学规划，积极培育、引进龙头企业、社会资本参与扶贫开发。要更好发挥政府的作用，创新体制机制、优化营商环境，促进企业与贫困地区、贫困户互惠互利、共进共赢。

专栏：光伏发电为建档立卡户"充电"

扶贫要找准路子，对于建昌县石佛乡梅杖子村而言，光伏扶贫就是一条精准扶贫的好路子。

光伏发电，对于山里的农民来说是个新鲜词，"以前农民听都没听说过，更别说了解了。"3月5日，建昌县石佛乡梅杖子村党支部书记段国军说。而如今，这里的建档立卡户不仅知道光伏发电是怎么回事，还利用光伏发电赚了钱。

昔日的"堂前燕"是如何飞入深山建档立卡户家中的呢？众所周知，建昌县梅杖子村是一个人均耕地少、土地贫瘠、干旱缺水的村子，全村贫困户占了1/5，可以说是一个典型的贫困村。近年来，梅杖子村有了一些新的变化，很多村民在村干部的带领下，通过养牛发家致富了，这个项目也带动部分建档立卡户实现了脱贫。可是养牛需要时间，需要成本，对于有些建档立卡户行不通。MMH家就是这种情况，MMH丈夫因车祸去世，她一个人要供养两个孩子上学，MMH成了家里唯一的劳动力。"虽然知道养牛能脱贫致富，可即使村里帮忙协调贷款，自己也实在没办法腾出时间养牛。"说这话时，MMH稍显无奈。去年8月，在县和村的帮助下，MMH参与到了光伏发电项目中，坐在炕头就可以拿钱。"还能有这么好的事？起初我还不相信呢。可是当光伏发电设备安在家中，我拿到'卖电'钱的时候，心里有底了，平时只要简单清理一下就可以，基本不占用啥时间。"MMH说。

MMH家通过光伏发电一年可以拿到近3000元钱,"今年的种子化肥钱不用愁了。"MMH充满希望地说。

梅杖子村年平均日照时间为2915小时,不但日照时间长,而且拥有比较多的空闲空间,十分适合发展光伏发电项目。建昌县委、县政府因地制宜,引进了光伏发电项目,去年为梅杖子村20户建档立卡户在自家院内安装了光伏发电设备,目前均已并网发电,平均每天每户可以发电13度左右,年均增收3000元以上。段国军说:"村民家的光伏发电设备使用年限是20多年,这就意味着,一旦安装上光伏发电设备,以后的20余年里,平均每年都有稳定收入。"

帮助建档立卡户发展光伏发电项目,是脱贫工作从输血变为造血的好办法。可是作为精准扶贫的创新应用模式,起初这条路并不如想象中那么顺畅。段国军介绍说:"老百姓对新事物不认可,这一点可以理解,毕竟挣钱不容易,万一安装上了不挣钱怎么办?我知道这是建档立卡户最大的顾虑,所以去年6月,我自己花了26000多元安装了一套光伏发电设备,我不带头干,老百姓不知道怎么回事,心里没有底。设备安装好正式开始发电后,每天大约发出10度电,自己家用的话,国家电网补偿4角钱,如果有剩余的电,国家电网补助7角9分钱,相当于卖'电'挣钱。"建档立卡户看到段国军挣钱了,纷纷想加入到光伏发电的项目中来。于是,村里选了20户符合条件的建档立卡户帮助他们发展光伏发电项目。

建档立卡户想参与到光伏发电项目中来，没钱咋办？这是摆在建档立卡户面前最直接的问题。于是，县里和村里决定帮助建档立卡户协调贷款，建档立卡户只要用自家房屋作抵押，每月用"卖电"的钱按时还贷款就可以了。建档立卡户 SEA 手部有残疾，智力低下，母亲患有精神疾病，家中几乎没有收入来源。2016 年 8 月，村里帮他家安装了光伏发电设备，共花了 23000 多元钱，除了还贷款的钱，一年能剩下 1000 多元钱。

除了帮助建档立卡户发展光伏发电项目，为了给村集体增加收入，梅杖子村在村部也安装了光伏发电设备，一方面可以解决"空壳村"的问题，给村集体增加一部分收入，另一方面也方便有想法加入光伏发电项目的建档立卡户随时了解光伏发电项目，做到心中有数。

在梅杖子村先行试点成功的基础上，建昌县正在通过这种方式带动更多建档立卡户脱贫致富。目前，光伏发电项目已在建昌县多个乡镇全面铺开，2020 年之前全县预计完成安装光伏发电设备 10000 套，涉及 276 个村，帮扶贫困户 10000 户 26257 人。

记者感言：

光伏发电对于外界大部分民众而言，还是比较稀罕的事物，然而，对于梅杖子村的建档立卡户来说，却已成了脱贫致富的好帮手。在更多的建档立卡户看来，这个曾经"遥不可及"的装置已经变成家中不可或缺的一分子。

相信，随着光伏发电项目的普及，不久的将来，建档立卡户不仅可以通过"卖电"赚钱，还可以将光伏发电与现代农业有机结合，脱贫致富的路会越走越宽。

资料来源：《葫芦岛日报》，2017年3月9日，http://epaper.hldnews.com/shtml/hldrb/20170309/224183.shtml。

二 扶贫还得扶志

过去老百姓就养牛，村民们可以互相学习，为什么贫困户就不能养呢？为什么就没有主动致富呢？实际上，这里边问题很复杂。但总体来说，是缺一口气，用老百姓的话来说，是"没有底气"。这也不全怪贫困户。因为养牛需要资本，很多人家没有，又想不到别的方法，时间久了，自然而然就疲了，觉得自己就是这个命，自己就该受穷，志向慢慢地被侵蚀了。实际上，小农并非不理性，并非不勤奋，只不过受信息和资金所限，在他们的决策中，可供选择的方法很少。比如，养牛需要钱，自己的积蓄不够，朋友亲戚那里又得不到支援，即便养牛这件事利润稳定、高，也是不可行的。一户不行，两户不行，时间久了，大家就会形成一个共识，似乎养牛对于穷人来说是可望而不可即的。老百姓家底薄，承受风险的能力就会较差，这是符合常理的。更何况，很多农户都是风险规避者，对于一个处在底层的人来说，基本生存是很重要的，他们不能经受大的收入波动，也不喜欢农产品的价格周期。对于他们来说，农业是基本生活保障，而不是投资。因此，"扶志"就是要转变他们的思维观念，这里的转变不是说从懒惰转向勤劳，中国人民普遍都是勤劳的，包括农民，这里的转变指的是改变他们的决策过程。比如，他们觉得资本获得不可能,那就告诉他们通过农业金融体系如何操作可以获得资本,甚至是低利息的资本,这样他们的行动方案中就会包括有了资本之后进行产业推进的选项。比如,他们觉得养殖业不好控制,具有很高的风险,那就要告诉他们通过什么方式可以降低甚至规避风险。经过如此一个过程,那些贫困户(建档立卡户)的思路就会打开,信心就会重新建立,这就是"扶志"。从这个角度说,"扶志"和"扶智"实际上是一致的。精准扶贫最重要的就是"扶志"和"扶智"相结合,从贫困户内因上破解难题,动员贫困户自主脱贫,把"要他脱贫"变成"我要脱贫",激发老百姓内心的脱贫动力。另外,"扶志"还不是扶一时的志,按照县扶贫办马宝良的说法,"扶贫不能口头去扶,也不是扶一时,要扶他的下半生。这就要让老百姓上可持续、可发展的项目,不能扶一年给俩钱儿就不管了,明年钱花没了又穷了,要从根儿上解决问题"。

梅杖子村贫困户最早也遇到了这样的问题,即对未来的生产生活安排不自信、没办法。为了帮他们建立信心,段国军、林培学挨家挨户进行说服动员工作,说不通的通过集体开会反复进行思想碰撞,让大家辩论,真理越辩越明。有人说,"养牛毕竟有风险,万一养死了咋办","我们首先不会让牛死,好好伺候牛也不轻易死,另外,干啥都有风险,哪有没风险的,有了风险也不怕,我们还可以借助农业保险来化解损失"。有这种担心的也不是无理取闹,因为多年来农村形成的思维就是"家财万贯,带毛的不算""宁整带根的,不整带嘴的"。然而,为了发展,梅杖子村必须突破传统观念。老百姓也互相劝解,"万一死了,也不怕,我们还有地,再穷也饿不死"。还有人担心,"养倒行,可一头牛一万多块,哪有那钱","没钱我们也有办法,现在有好的政策支持""钱的问题有招儿,只要你精心养就行",段国军等人掷地有声的回答也让建档立卡户增强了信心。通过多次交流说服,最后村民们觉得养牛似乎也可以。段国军和林培学又给这些人点拨了一下,也算是命令,"咱不能干等、干靠啊,不管咋说,必须得干,不干哪有希望,什么时候才能出头儿""这日子不能再这样下去了,下去就没有指望了""你们穷,日子就不好过呀,为了自己也需要奋斗一把"。最后,贫困户们就养牛达成了初步共识,33户决定把养牛落到实处,大家手拉手、心连心决定把养牛事业干起来。建昌县过去就是贫困县,20世纪90年代末,时任辽宁省委书记闻世震挂帅帮扶建昌,在建昌调研时就告诫建昌的干部群众:"一定要解放思想,转变观念,立下愚公移山志,彻底改变贫困面貌。"如今这里的老百姓正在转变的过程中。

图3-6 梅杖子村建档立卡户养牛运作流程

三 利用好政策，乘势而上

诸葛亮草船借箭需要东风，发展适宜的产业也需要东风。梅杖子村领导深深地知道这一点，因此，他们几乎不放过任何可以作为东风的机会，比如，争取上级单位的支持，争取各方面的支持，积极消化政策，充分发挥政策红利。2015年建昌县从扶贫专项资金中列支200万元，用于贫困户贷款贴息，启动银行信贷资金2000万元，重点支持贫困户发展产业。2016年建昌县委出台了《建昌县金融支持精准扶贫工作实施方案》，与农村信用社、农业银行合作，开展金融扶贫工作，采取以土地承包经营权和住房财产权及宅基地使用权抵押的形式，针对性发展种植、养殖业，每户贷款3万~5万元。2017年6月县委修改出台了《建昌县2017年金融支持精准扶贫工作实施方案》（建委办发〔2017〕28号），为全县建档立卡贫困户释放扶贫政策红利。段国军和林培学看到建昌县金融扶贫支持产业发展的大好机会，积极利用"东风"，为养牛贫困户协调贷款。"按照政策，每个建档立卡的贫困户可享受3年3万元的贴息贷款。5.226厘的利息当中，政府出4厘，个人只掏1.226厘，贫困户每年只需还300多元利息，并且简化了贷款手续。"段国军向农户解释道。这个贷款的利息是较低的，属于国家贴息贷款，给农户带来了养牛的资本。有了资本，农户买牛的意愿大大增强。但是从哪里买牛，买什么样的牛，农户们都不知道，于是段国军和林培学等有经验的人帮助他们买牛。李玉昌家是第一批买牛户，购买了3头母牛。李玉昌是这样计算的，3万元买3头牛，3年后预计能发展到15头左右，除去卖牛还贷款，还能纯剩十一二头。十一二头牛就是十一二万元，这就是纯利润，三年获利12万，还没有撒家舍业，挺好的。如果能够完成计划，生产和生活可就翻身了。在金融扶贫工作中，建昌县始终坚持以农村金融体系建设为支撑，以扶贫小额信贷为载体，以防范风险为前提，探索建立了财政扶贫资金、金融信贷资金与贫困户生产经营相结合的有效模式。可以说，梅杖子村就是这一创新模式的受益者。

四 通过"支部＋合作社＋贫困户"形式进行产业帮扶

梅杖子村总结出来的模式是"强党支部＋脱贫合作社＋建档立卡户"。这一模式是村两委班子和驻村工作队共同创造出来的。养牛事业发展之初，葫芦岛市委政法委驻村扶贫工作队主动协调专家指导成立了以段国军为理事长的合作社，把养牛相关的工作纳入合作社管理。乡、村、驻村工作队又共同探讨了"强党支部＋脱贫合作社＋建档立卡户"的脱贫思路。这一思路实际上解决了贫困户不会养牛、不会看病、不会售卖的问题，"强党支部"是覆盖建档立卡户养牛全过程的，主要是林培学和段国军在起作用，不仅是领导作用，还要实际解决问题。比如，帮农户买牛。会挑的能用较少的钱买到适宜育肥的牛，这个是知识，一时半会儿村民还学不会，因此，段国军、林培学等人就和农户一起去喀左县的市场以及养牛大户那里购买，为了省钱，他们住店、吃饭都非常简单，而且尽量快去快回。协调贷款时也离不了党员领导干部，因为很多村民连自己的名字都写不上，更不懂信用社、银行的一些流程，因此，不能独立办贷款，这时候"强党支部"也要发挥作用。林培学多次去石佛乡农村信用社帮农户协调贷款，他认为，"就像这牛一样，为贫困户做事情一定要有头有尾"。因此，只要农户有需求，他们都不辞劳苦，不论是清晨，还是半夜，说走就走，说来就来。开始养牛时，不断有新的贫困户加入养牛队伍的行列里。"只要贫困户肯干，咱就必须服务好。"段国军和林培学用这句话来约束自己，激励自己。贷款下来了，牛买来了，需要精心伺候，喂草喂料还好办，就怕牛有异样，一旦牛表现出什么不对劲的地方，电话就会打到段国军或者林培学那。作为村领导，段国军和林培学没有任何架子，完全以村民的利益为重。用他们的话说，合作社和党支部没有做"甩手掌柜"，而是做起了"服务员"，当起了"大管家"，为所有养牛户提供全程管家式服务，帮助贫困户解决养牛过程中的贷款、建牛舍、买牛、防疫、喂养、牛粪处理、成品牛销售等一系列问题。"贷款是合作社帮助协调的，牛舍是合作社帮助赊料建的，牛是合作社帮助买的，春秋防疫是合作社帮助做的，母牛生犊是段书记帮助接生的，草料是村里铡草机免费加工的……我要做的就是填好料，喂好水。"对于合作社管家式服务，贫困户 ZGS 感激之情溢于言表。ZHP 是梅杖子村建档立卡贫困户。因为养牛脱贫，林培学成了 ZHP 的"管家",曾经帮助他给母牛接生,教她如何用药。通过党支部成员的辛苦帮扶,ZHP 家的脱贫"家底"又厚实许多了。用段国军的话来说:"鞋子合不合适只有脚知道,梅杖子的脱贫之路符不符合梅杖子发展,只有梅杖子最清楚,我们必须找到一条属于梅杖子自己的脱贫出路。发展养牛脱贫绝不是'拍脑门'决策,我们有经验、有规模、有基础、有'钱景'。但很多贫困户穷惯了、穷怕了,有些没斗志,有些没勇气。给贫困户提供管家式服务,让他们没有后顾之忧,看到实实在在的希望,鼓起信心,最终走向脱贫。"

2016 年 4 月 25~26 日,在建昌县召开的辽宁省全省金融(产业)扶贫推进现场会上,省扶贫办主任李军对梅杖子养牛脱贫模式给予了充分肯定。李军认为,建昌县作为脱贫攻坚的重点县,在脱贫工作方面投入精力大,积累经验多。总结推广经验,使其在该县其他贫困乡村以及其他县(市)区贫困乡村遍地开花,有助于产生成果放大效应。

五 把握驻村帮扶的机会

建昌县高度重视精准扶贫工作。为了实施精准扶贫,想了很多措施,包括驻村帮扶。建昌县脱贫的任务重,不想点特殊措施是不行的。早在 2014 年,驻村帮扶的模式就已经在梅杖子村落地了。建昌县石佛乡梅杖子村自然条件优越,多年来,缺水和交通问题制约着其经济发展。2014 年 8 月,市政法委与该村结成扶贫对子。扶贫工作队进驻后,半年多来,村子里发生了明显的变化。扶贫工作队第一次进村时,先找到山地周边的制高点,观察了全村地貌,尤其了解了贫困户的致贫原因。为村里的贫困户建档立卡,在了解了村里"五保户"的生活情况后,扶贫工作队对这个群体尤其照顾,2014年底向民政部门申请了救助,给"五保护"发放了春节慰问品。村里多山地,缺水,土地贫瘠,青壮年多外出务工,为了给这些贫困户补贴家用,请来技术人员对村里的妇女进行技能培训。手工编织在家就能做,农闲时做一些,既能补贴家用,还不耽误农活儿,村里不少家庭都受益良多。要解决贫困,首先要解决水源和交通问题。为了打井灌溉,扶贫工作队找来专业的钻井队,用专业设备在村里勘察地形,每隔十米设一个点,从早到晚,用了一整天的时间,终于找到了一个水源点,最后帮助梅杖子村打了4眼深井,有了灌溉水源,周边的一大片农田就可以改变"靠天吃饭"的状况了。市政法委扶贫工作队和村领导班子协商,准备推广两茬种植模式。村里的泄洪通道是一条小河,由于年久失修,河道拥堵严重,一遇大雨,经常周边的农田被淹没。扶贫工作队联系相关部门,争取了资金,开展了治河项目,进行河道清淤,河两岸也做了软加固,保证了村里泄洪通道的顺畅。村里除了贯穿全境的省级公路兴凌线外,进村屯的道路年久失修,村民出入十分不便。2016年春季,在扶贫工作队的推动下,村里3处共1.5公里的公路开始动工修建,便利的交通彻底改变了村民的生活。

为了提升和丰富梅杖子村村民的文化素质和娱乐生

活,驻村干部还帮忙建成了一个活动中心,包括阅览室和妇女儿童活动中心等。有了阅览室就需要书籍,2014年村里的阅览室一次就增加了600多册图书,涉及各个领域,尤其是农业种植和畜牧饲养,让不少农户受益。目前,妇女儿童活动中心占地200平方米,宽敞明亮,设有技能培训室、多功能室、科普图书室、维权站、音乐美术室,为开展家庭文化建设、妇女创业就业、儿童成长教育、妇女儿童维权及扶贫帮困等提供服务,是妇联组织的坚强阵地和广大妇女儿童喜爱的温暖之家。这也让村里的孩子们有了舒适的学习和活动场所,村民们都觉得非常好。① 驻村扶贫工作队对未来充满了期待,也觉得重任在肩,因为还要在调整农业产业结构上下功夫,未来产业结构还要调整,比如考虑栽植土豆、豆角等蔬菜,改变种植结构,发展多茬作物,还可以发展旅游业。目前,基础设施有一定程度的改善,但是与真正的现代农村还有差距。毕竟,这地方土地贫瘠,属于山区,交通也不是很便利。梅杖子村书记段国军说,有了驻村扶贫工作队,看着眼前村里的变化,大家致富的信心更足了。②

2017年,建昌县按照全面打赢脱贫攻坚战的要求,

---

① 按照《建昌县精准扶贫实施方案》总体要求,葫芦岛市建昌县妇联紧紧围绕"十三五"发展规划,继续深入实施"生态立县、农业富县、工业强县、旅游兴县"的战略目标,结合自身工作特点,创新举措、精准施策,充分发挥妇女在脱贫攻坚战中半边天的作用,扶贫工作取得显著成效。为了进一步改善留守妇女儿童发展环境,全面推进妇女儿童事业发展,建昌县妇联积极申请省援建资金,在巴什罕乡本街村、谷杖子乡包杖子村、石佛乡梅杖子村建设妇女儿童之家3处。

② 陆平、叶咏梅:《治河修路打井养牛 梅杖子村迎来新气象》,葫芦岛新闻网,2015年5月12日。

努力构建专项扶贫、行业扶贫、社会扶贫等多方力量、多种举措有机结合和互为支撑的"三位一体"大扶贫格局。建昌县印发了《关于进一步加强全县驻村帮扶工作的通知》(建脱贫办发〔2017〕4号),按照县级领导干部包乡、县直单位包村、党员干部包户的"一对一"结对帮扶制度的要求,继续开展定点扶贫和驻村扶贫,充分调动扶贫单位的积极性,发挥这些部门的职能作用,为脱贫攻坚提供强有力的支撑。梅杖子村也来了几位定点帮扶人,包括省科协驻村工作队队长杜楠等,他们帮助梅杖子村制订帮扶计划,出台考核办法,开展定期、定点、定户、定人的精准帮扶工作,做到"不脱贫,不脱钩"。这些人对梅杖子村的基础设施改善、贫困户脱贫产业发展起到了积极的推动作用,帮扶效果明显。目前梅杖子村的基础设施面貌已经焕然一新了。截至2018年6月,梅杖子村共计安装太阳能路灯45盏,修水泥路面1100延长米,修便民桥7座,河套清淤4233米,石笼护岸、水泥护坡1190延长米,打抗旱深井5眼,建维稳定工作站1处;另外,还争取2.5万元资金购买优质苹果树苗304株;争取"美丽乡村"建设资金80万元,修建垃圾池15个,美化街道墙2130平方米,栽植风景树1500株,建凉亭和雕塑两座,建设大型文化广场2处,占地2000多平方米;还争取省市妇联投资30万元,建立大型"妇女儿童之家"1处,占地500平方米,添置体育器材15件套,文艺器材1套,能够满足村民娱乐健身的需要。

实际上,帮扶得到整个建昌县的整体推动,包括县委、县政府的领导。在 2015 年精准扶贫精准脱贫工作中，建昌县紧紧抓住时任辽宁省委书记李希同志联系建昌、葫芦岛市举全市之力帮扶建昌的大好机遇，充分调动省、市、县定点扶贫和驻村扶贫单位的积极性，加大对建昌贫困乡村、贫困农户的投入力度，目前，三级扶贫单位投入扶贫资金和物资共计 2482.446 万元，为建昌的整体脱贫奠定了坚实基础。过去的扶贫，瞄准对象不够准确，针对性不够强，一定程度上存在"漫灌"现象，粗放低效。自从精准扶贫工作开展以来，县委、县政府从改变观念入手，在全县上下牢固树立"一切围绕扶贫工作、一切服从扶贫工作、一切为了扶贫工作"理念，深入开展脱贫工作。一段时间以来，在省委、省政府，市委、市政府的正确领导下，在省、市驻村扶贫单位的倾情帮扶下，建昌县贫困乡村生产、生活条件得到了较大改善，农民收入有了明显提高，贫困人口也由 2010 年的 21 万减少到 2015 年的 5.78 万。①

六 扎扎实实做好脱贫的基础性工作

基础不牢，地动山摇。目前农村工作存在的一个很大问题就是基础性工作做得不扎实，结果无论什么政策老百姓的意见都非常大。这次精准扶贫工作涉及资金，因此，更需要把基础性工作做好。段国军等村班子成员深深知道

---

① 王硕：《凝心聚力决战精准脱贫 坚定信心迈向全面小康——建昌县全力推进精准扶贫精准脱贫工作纪实》，《葫芦岛日报》2016 年 2 月 22 日。

这一点，基于上级的指示要求和本村工作的实际，他们竭力做好精准扶贫的前期工作，包括精准识别等。

精准识别、建档立卡是精准扶贫最为基础的工作，没有源头的精准，后续所有工作将无的放矢。贫困户精准识别是精准扶贫工作的重中之重，在贫困人口进入的关口上，按照国家统一要求，人均收入、住房、教育、医疗保障等各项指标都要考量，把好贫困户的入口关。梅杖子村在贫困户识别上不只是"一看房，二看粮，三看劳动力强不强，四看家里有没有读书郎，五看家里是不是有卧病躺在床"，这只是最基本的参考标准。他们还要了解这户人家的刚性支出，决不能只算收入，不算支出。收入和支出一起算，更符合纯收入的概念。比如一家人一年收入3万元，但是治病的钱也花去了3万元的话，这就等于没有钱，这样的水平也绝不是国家的小康标准。

建昌县贫困户识别工作，严格遵照"一看二算三评四审"的规定动作来执行，准确筛选符合条件的贫困户，确保做到"不差一户，不漏一人"。在规定动作基础上，该县创新出贫困户识别的"八步工作方法"和"三短一长"四个公示制度。另外，建昌还采用"三检"法，即重点检查贫困对象是否存在财政供养人员，家中是否有大中型农机具和小轿车，固定资产中是否有超标准住房及楼房现象。同时还坚持"四优先、六慎评"原则，"四优先"即无基本生产生活资料的农村人口优先；大病或突发事件导致家庭负债巨大且短期内难以恢复正常生活水平的农村人口优先；见义勇为付出巨大经济和健康代价的农村人口优先；纯两女困难户优先。"六慎评"即好逸恶劳、打牌赌博、违法乱纪的家庭慎评；长期打骂闹事的家庭慎评；无理干涉、阻挠公益事业和当地经济发展的家庭慎评；全户多年外出、基本情况不明的家庭慎评；家庭成员中有国家公职人员的慎评；子女条件较好但不履行赡养义务的家庭慎评。梅杖子村的工作开展也按照建昌县的要求进行。主要是"一看二算三评四审五公开"。一看就是看住房、居住条件、生活水平等；二算就是算每一户的年收入；三评就是召开代表会进行评论，把建档立卡户评选出来；四审就是乡村干部共同审核，看这户够不够标准；五公开就把所有建档立卡户信息全部公开、公示，上牌子上墙。

开展"回头看"工作，锁牢扶贫对象。2016年，梅杖子村按照国务院扶贫办制定的《扶贫开发建档立卡工作方案》和建昌县的相关具体要求，认真开展了"建档立卡精准度回头看"工作。开展"回头看"工作，是为了进一步动态核实调整建档立卡贫困户和贫困人口，形成新的建档立卡精准数据。在"回头看"工作中，明确贫困户、贫困村识别标准、方法和程序。对当年经过实际扶持或通过自身努力实现脱贫的，及时上报给乡镇和县委县政府。对新增和返贫的贫困户及时纳入，实现了贫困户的动态调整。采用了公示制度，以便让村里的老百姓知道，谁是贫困户，谁不是贫困户。与此同时，认真开展了"脱贫攻坚大排查"，解决不准不实的问题。梅杖子村两委深入开展了"脱贫攻坚大排查"工作，严格按照《辽宁省脱贫攻坚领导小组关于印发〈辽宁省贫困人口精准识别标准〉的通知》(辽脱贫发〔2016〕2号)要求,加大精准识别力度、优化识别方法和手段,对有车辆、购买商品房的建档立卡人员做了部分删除处理。通过"脱贫攻坚大排查",有效解决了工作中"不准""不实""不深入""不具体"等一系列问题。与此同时,进一步加强档案动态管理,做到及时纳入,及时退出。并优化档案管理工作,做到完整无缺,规范有序。通过调研发现,所有建档立卡户的资料都整整齐齐摆放在村委的柜子里,查找起来很方便,内容也非常清晰。

退出也是有标准的。建昌县于2016年底先后印发了《关于进一步做好扶贫对象动态管理、建档立卡信息采集录入和贫困退出工作的通知》《建昌县贫困人口、贫困村退出实施方案》。贫困村的退出以"一降四有三达到"为标准,"一降"指贫困发生率降至2%以下;"四有"指贫困村有通村沥青路,有新型农业经营主体,有村卫生室,有综合性文化服务中心;"三达到"指贫困村饮用水安全贫困户比例达到98%以上,住房安全贫困户比例达到98%以上,贫困人口新型农村合作医疗参合率达到98%以上;贫困户的退出以"两不愁、三保障"①和"一超五有"②为标准;并结合本地实际制定了操作性强的考核量化标准,包括《建昌县建档立卡贫困户2016年收入测算参考数据》

---

① 国家确定"十三五"期间脱贫攻坚的目标是"两不愁、三保障":到2020年稳定实现农村贫困人口不愁吃、不愁穿,农村贫困人口义务教育、基本医疗、住房安全有保障。

② "一超"指的是年人均纯收入稳定超过国家扶贫标准。"五有"指的是有集体经济收入、有硬化路、有卫生室、有文化室、有通信网络。

《不计入人均纯收入的项目测算表》《工资性收入佐证材料》《经营性收入佐证材料》《财产性收入佐证材料》《转移性收入佐证材料》《生产经营性支出佐证材料》《生活支出测算表》等考核量化材料。梅杖子村按照县里要求，从严把握退出标准，确保贫困村精准退出、贫困户精准脱贫。村两委班子表示要坚决杜绝"数字脱贫""虚假脱贫"现象在梅杖子村发生。

七 通过养殖公司带动特殊建档立卡户脱贫

梅杖子村于2016年7月成立了建昌县华森养殖有限责任公司，已经注册运营。公司占地20亩，总投资300多万元，其中上级投入集体经济发展资金200万元。公司设计存栏100头，年出栏200头育肥牛，品种为夏洛莱和西门塔尔改良牛。公司年收入可达35万~40万元，纯利润在15万~20万元。现已建立牛舍1200平方米、办公用房216平方米、酒糟池30平方米、粪便处理池600平方米、饲料库房600平方米、精料库和消毒室216平方米；购置大型草块机2台、铲车1台。带动8户建档立卡户脱贫，8户建档立卡户都属于特殊家庭，他们有部分劳动能力但是没有条件养牛，通过贷款3万元入股取得分红资金，保底年收入增加2000元以上；优先参与公司生产劳动的建档立卡户还可以领取工资。8户农民可在次年脱贫。建昌县华森养殖有限责任公司的成立运营，摘掉了梅杖子村集体经济"空壳村"的帽子，村集体通过华森养殖有限责任公司取得收入的 2/3，数额在 10 万~13 万元，实现了全村整体脱贫摘帽退出。梅杖子村的脱贫也为建昌县摘掉贫困的帽子做出了贡献。3 年前的建昌县有 12.5 万贫困人口，居省内各县区之首，全省脱贫攻坚最难啃的"硬骨头"，就是建昌。如今，建昌全县已减少贫困人口 3.5 万人，重点贫困村只剩下 89 个。

第三节 基于经验的思考

通过对梅杖子村的调研和观察，我们认为，梅杖子村有一些举措或者经验值得借鉴和学习。

一 农村扶贫或者农村社会经济发展离不开党支部

我们要在农村强化党支部的作用和力量。梅杖子村采取"强党支部+脱贫合作社+建档立卡户"的扶贫模式，紧紧围绕精准扶贫战略多措并举，坚持把基层党建与精准脱贫深度融合，充分发挥党组织的战斗堡垒作用和党员的先锋模范带头作用，充分发挥党组织在规划、决策、组织、实施和产业发展中的引领作用，为助力扶贫攻坚、精准脱贫提供了坚强的组织保证。梅杖子村的党支部工作应该说过去也有不足，但近些年来，工作力度和工作方法得到明显改善，这与班子成员的不断付出有关。

首先,梅杖子村党支部不断健全制度,让党组织发挥战斗堡垒作用。"两学一做"学习教育开展以来,葫芦岛市建昌县石佛乡梅杖子村党支部围绕抓党建促脱贫攻坚,村级党组织建设不断加强,村党支部带领群众致富能力不断提高,村民日子越过越好。村党支部提出打造学习型党组织,2017年梅杖子村党支部创新学习制度,提出了"学会依法办事,学会准确把握政策,学会紧密结合本村实际,学会讲究工作艺术"四个"学会"理念,目前已完成了"学会依法办事"的培训,邀请乡司法所、扶贫办对村两委班子成员开展了"如何处理矛盾纠纷相关法律法规"和"如何科学规划脱贫项目"的业务培训,提高了村两委的业务水平。完善了党员选拔、村务管理、村干部岗位责任制等制度。完善考评制度,结合"双述双评",制定村两委班子考核办法。健全和落实"三会一课"制度,明确每个季度讲党课的主题,确保每次活动都有准备、有计划地精准实施。与此同时,梅杖子村还优化党员选拔、管理制度,把政治素质好、思想觉悟高、文化程度高的优秀青年吸收到党员队伍中来,不断锻炼提高他们的能力和水平。强化对流动党员管理,对外出半年以上党员进行了调查摸底,建立了名册,确保无失联党员、流动党员得到有效管理。同时规范了党费收缴,按季度完成了党费收缴工作。对党员以远程教育、观摩电教影片等多样化的方式开展了教育培训和双带能力培训,举办了两次专题培训班,培训达60人次,增强了广大农村党员的带头致富本领。积极开展了"党员干部帮扶贫困学生"的活动。乡党员干部每人联系帮扶1户贫困户，为他们送资金、学习用品等。

其次，梅杖子村党支部还狠抓稳定，强法制，全面保障村的稳定与发展。村党支部高度重视综合治理与社会和谐，积极配合司法部门进行普法宣传、教育治理工作，在法制宣传月与乡公安、司法、综治、妇联部门共同为群众答疑解惑，2017年在妇女儿童之家举办了妇女维权宣传月活动，开办了法律大讲堂，在全村普及法律常识；在妇女节邀请上级妇联、司法所进行了"反家暴"法律讲座1次，受益妇女达50人次。充分利用综治工作站开展信访接待、矛盾调解工作，2016年共接待群众来访10余起，化解矛盾纠纷8起，没有发生影响社会治安和稳定的事件；同时，更新了群防群治队伍，吸纳了退伍兵、回村青年，对按照网格化管理的区域进行了巡逻任务分配，尤其加强了夜间的治安巡防，对新纳入的巡防员、护林员、网格管理员共开展业务培训3次，保证了群防群治队伍的专业性、行动的有效性，切实维护了群众的日常生活安全。梅杖子村党支部把经济作为工作的主抓手。为全力打响脱贫攻坚战，向党和群众交出漂亮的"成绩单"，梅杖子村创立了"强党支部+脱贫合作社+建档立卡户"的脱贫模式，在村党支部的带领下成立了国君养牛专业合作社，村班子成员为养牛合作社的主要成员，把建档立卡户中的养牛户全部吸收进入养牛专业合作社，并创造性地提出养牛业启发式帮扶、保姆式帮扶和管家式帮扶的"三帮"服务理念，充分发挥了基层党组织的战斗堡垒作用和党员的先锋模范带头作用。

二 党支部作用的强化主要落实在精神和干劲儿上

光有健全的制度还不够，还要有灵魂，灵魂就是干劲儿和精神，具体有以下几个方面。

首先是做到心中有民，始终有一颗"想干事"的事业心。总书记说过"全面建成小康社会，不能落一户、不能差一人"。这是党中央的承诺，也是对梅杖子村领导班子的要求。梅杖子村通过精准识别，2015年底识别出建档立卡户217人。这些建档立卡户，有的因病因残致贫、有的因无技术无资金致贫。要使这些贫困户如期脱贫，就必须发挥基层党支部和党员的带动引领作用。作为梅杖子村的支部书记，作为一名党的干部，段国军感到自己有责任、有义务去帮助贫困户脱贫，他也默默地告诫自己，在任的期间一定要有一颗"想干事"的事业心，为老百姓干些实实在在的好事。支部书记有事业心，对整个班子都有显著的正向影响。在他的影响下，村两委班子的每一个成员都决定不辜负老百姓对自己的期望。"兄弟同心，其利断金。"村党支部成员共同商议，决定根据梅杖子村的自然条件制定并实施脱贫攻坚。一是对于弱劳动力的建档立卡户，通过发展养牛项目助其实现脱贫。梅杖子村山多地少，水源匮乏，但养牛基础较好，农民养殖经验丰富，饲料资源充足，而且牛的抗病力强，好饲养，风险小、收益高。经过认真调研，反复推敲，多方论证，最终他们确定发展母牛养殖脱贫项目。二是对于没有劳动能力的建档立卡户，帮助其发展光伏发电项目以实现脱贫。紧紧把握县委、县政府实施光伏扶贫的难得契机，积极争取光伏发电项目落户梅杖子村，使没有劳动能力的贫困户也能够增加收入。三是牢牢抓住帮扶单位对梅杖子村帮扶的重大机遇，强化基础设施建设，努力改善全村的生产生活条件。几年来，通过积极争取，已修水泥路面1100延长米，河套清淤2433延长米，建设石笼护岸、水泥护坡1190延长米，打抗旱深井5眼。

其次是做到心中有数，始终有一颗"能干事"的进取心。"小康不小康，关键看老乡；农村富不富，关键看支部。"打赢脱贫攻坚战，最根本的是要有一个坚强的基层党组织。为把脱贫攻坚工作做实做细，确保脱贫不返贫，村支部成员不断探索，全力以赴把村支部打造成全村脱贫攻坚的"桥头堡"和"根据地"，千方百计提高脱贫攻坚的针对性和实效性。一是不断加强村支部建设。定期召开村支部成员集体学习会议，认真学习上级政策精神，学习市场知识。每次学习，都认真讨论全村的发展思路、发展措施，为推动精准脱贫提供了坚强的组织保证。二是充分发挥党组织的规划、决策、组织、实施和引领作用。贫困落后不可怕，可怕的是安于现状；艰难险阻不可怕，可怕的是畏难退缩。为改变贫困现状，村党支部按照脱贫方案，成立了养牛脱贫合作社，帮助贫困户实现脱贫。为进一步推动梅杖子村养牛产业发展，在县、乡的支持下，成立了建昌县华森养殖有限责任公司，努力壮大村集体经济，为全村养牛产业持续健康发展提供了坚实保障。三是充分发挥党员干部的先锋模范作用。为提高脱贫成效，党支部创造性地提出启发式帮扶、保姆式帮扶和管家式帮扶的"三帮"服务理念，村干部每人包扶9户贫困户发展养牛。此外，党支部还积极拓展脱贫思路，大力度争取县里支持开展光伏扶贫，在贫困户自家庭院安装分布式光伏发电太阳能板，并与国家电网签订合同，将产生的电能卖给国家电网帮助贫困户有效实现脱贫。

村党支部书记段国军：勇做精准脱贫路上的领头雁

作为一个名不见经传的小山村，建昌县石佛乡梅杖子村有一个貌不惊人、才不出众的村党支部书记段国军。几年来，他脚踏实地，扎实苦干，带领全村广大党员干部群众，在精准脱贫的伟大工程中做出了备受中央、省、市、县各级领导关注的突出业绩，谱写了一曲曲脱贫致富的华美篇章。

段国军，2000年7月加入中国共产党，2004年5月至今，任梅杖子村党支部书记。作为一名共产党员，该同志时时刻刻以党员标准严格要求自己，始终把群众满意作为衡量工作成效的根本标准，主动从群众最盼、最愿、最急、最难的事情做起，无私奉献，恪尽职守，自我加压，以实际行动践行基层党员的先进性，尽心尽力为群众办实事、办好事，多年来带领村党支部寻求探索带领村民脱贫致富的路子。2015年,中央开始精准扶贫精准脱贫工作以来,村党支部深入实施精准扶贫战略,坚持把基层党建与精准脱贫深度融合,充分发挥党组织的战斗堡垒作用和党员的先锋模范带头作用,结合梅杖子村养牛基础较好的实际情况,创建了"强党支部+脱贫合作社+建档立卡户"的精准脱贫模式,带领建档立卡户通过养牛脱贫致富。实践证明,这条路子是正确的,是成功的。

(一)因地制宜找路子,依托优势谋发展

2015年,国家脱贫攻坚的号角响彻神州大地,段国军同志作为梅杖子村党支部书记,带领村两委班子积极探索脱贫攻坚的发展思路。梅杖子村养牛基础较好,饲料资源充足,而且,牛的抗病力强,饲养技术标准要求低,养牛事业风险小、收益高,尤其是全村村民养殖经验丰富,经过段国军带领村党支部逐户征求意见,实地调研,多方论证,最终确定了适合本村发展的繁育母牛的脱贫致富项目。由于村党支部成员都是村里养牛大户,所以在段国军的带领下,首先成立了养牛脱贫致富合作社,将适合条件的建档立卡户纳为社员,在全省首先创建了"强党支部+脱贫合作社+建档立卡户"的精准脱贫模式,并创造性地提出了"启发式帮扶、保姆式帮扶和管家式帮扶"的"三帮"服务理念。新的扶贫模式和新的帮扶理念保证了脱贫工作的顺利实施。一是启发式帮扶:扶贫先扶志,针对老百姓存在不想养、不敢养、不会养的懒惰思想,段国军为了让建档立卡户树立养牛脱贫的信心，起早贪黑，走屯串户，磨破嘴皮，不辞辛苦，苦口婆心地做百姓工作，让这些贫困户克服了畏难情绪，调动了其养牛的积极性和主动性。二是保姆式帮扶：段国军为养殖户想千方设百计"跑贷款"，筹措资金，亲自为养殖户建牛舍、赊饲料，在购牛方面，全部亲力亲为，每户买牛他必须到现场，防止这些户在买牛的过程中出现买高的现象。为了保证养殖收益周期短，见效快，全部购买保揣、对帮（保揣：一头大牛肚子里怀着小牛；对帮：一头大牛带着一头小牛）。买牛期间，正是腊月，要到200里以外的凌源三十家子大牲畜交易市场购牛，他带领村班子成员早3点就起身。有时候在大牲畜交易市场买不到称心的牛，他们还要走村串巷，为了节省开支，每天出去只吃一顿便饭。虽然忍饥挨饿，但他无怨无悔。同时他严把品种关，选择牛的品种是西门塔尔、夏洛莱，他亲自为养殖户做防疫，并免费为建档立卡户加工饲料。三是管家式帮扶：对28户建档立卡养牛户落实包保责任制，他自己包10户，村主任包10户，支部委员包8户，并实行全方位、多元化管理，牛有病帮助治病，下犊期间，不管啥时间村干部都能亲自到场帮助接生，直至牛出售，保证牛能够卖个好价钱。

（二）敢闯敢干"引路子"，带头示范先发展

在段国军的带领下，梅杖子村党支部敢闯敢干，大胆尝试，村党支部于2016年利用省委壮大村集体经济资金，新建了村集体企业建昌县华森养殖有限责任公司，壮大养牛产业。公司占地10亩，年出栏牛200头，

能带动建档立卡户8户，实现村集体年增收15万~20万元。公司对建档立卡养殖户的牛犊以每市斤高于市场价1元的价格收购，既增加了建档立卡户的收入，又解决了养殖户卖牛的后顾之忧。针对村里个别因缺乏劳动力无法进行母牛养殖的农民，段国军也帮他们想好了脱贫致富的办法，梅杖子村与国家电网签订合同，利用国家电网的精准扶贫入户式光伏发电项目帮助他们脱贫。群众思想保守，发展意识和信心不强，开始不接受，段国军自己掏钱在自己家搞试点，平时让群众到自己家考察，树立他们的信念，最后成功带动20户建档立卡户发展光伏发电。在贫困户自家庭院中安装分布式光伏发电太阳能板，并将产生的电能以每度0.79元的价格卖给国家电网，按全年日均发电15度计算，年利润可达4300元。

（三）关注民生"扩路子"，基础设施齐发展

关注民生，改变百姓的生活环境，大力发展村级基础设施建设，成为段国军同志的一个又一个工作着力点。2015年以来，通过协调上级专项资金、争取帮扶单位支持、寻求社会帮助等多种方式，美丽乡村建设共投资80万元；农村水泥巷道建设投资192万元，完成9100延长米；投资35万元，完成河道疏浚2500延长米；河道浆砌石投资100万元，治理1000延长米；新建妇女儿童之家1处，投资12万元，建设面积285平方米；投资15万元，新打抗旱深井5眼；投资6.5万元，村集体新建光伏发电7.8千伏。经过不懈努力，梅杖子村村容村貌得到

了很大的改善，基础设施建设不断得到加强。

（四）不断探索新路子，整村推进共发展

为了推动梅杖子村养牛事业健康有序的发展，拉长养牛产业链条，段国军正在谋划着大牲畜交易市场筹建工作，充分利用梅杖子村独有的交通区位优势——建兴高速和绥克高速在村里交会，同时是内蒙古腹地进出关的必经之路，让梅杖子村所有的养牛户，乃至全县的养牛户，买卖能够在家门口进行。不仅可以方便百姓交易，提高广大百姓养牛的积极性，而且还能够保证养殖户的牛能够卖个好价钱，这个交易市场如果建成运行，将极大地推动全县乃至全省养殖业的发展。

两年来，梅杖子村的精准脱贫模式得到了上级党委、政府和社会各界的充分认可。1月15日，中央电视台新闻联播报道了梅杖子村的典型经验；辽宁省内的多个兄弟县市到村里学习他们的经验做法；辽宁省的扶贫现场会在村里召开；9月2日，国务院扶贫办主任刘永富到梅杖子村调研，这些都极大地增强了段国军带领大家脱贫致富的信心和决心。段国军在脱贫致富、创造幸福生活的过程中，时刻体现一名共产党员的先进本色，就像他说的那样，"树是死的，人是活的，只要我们心往一处想，劲往一处使，有了党的好政策，我们梅杖子村2018年整体脱贫致富的目标一定会实现。"

由于成绩突出，该同志荣获2015年度"平安葫芦岛建设先进工作者""全县脱贫攻坚先进个人"，2016年度"全县脱贫攻坚带头人"，2017年度"五星级党组织书记"、"葫芦岛市发展壮大村级集体经济优秀带头人"，2018年度"辽宁省优秀共产党员"等称号。

资料来源：根据《建昌县梅杖子村：为拔穷根儿"出硬招"》（https://m.sohu.com/a/145460676_120000）、《段国军：演绎大山深处的脱贫"传奇"》（张振贺撰写，http://www.hldnews.com/xqxw/2017/07/17/67500.html）以及村提供的一些材料编撰。

最后，做到了心中有责，始终有一颗"敢担当"的责任心。"火车跑得快，全靠车头带。"加快贫困户脱贫步伐，关键是要有优秀的基层引路人。作为土生土长的梅杖子人，作为村党支部书记，段国军深知自己责任重大，使命光荣。为此，他日思夜想、寝食难安，把带领贫困户脱贫作为自己最大的追求，全身心投入梅杖子村脱贫攻坚工作中。在农村，最简单的工作是与村民打交道，最困难的工作也是与村民打交道，如何调动村民的积极性，让村民信任自己、支持自己，逐步摆脱贫困是个难题。为此，段国军与支部成员深入研究，决定逐门逐户调研、走访、劝说，让他们相信支部，参与到养牛产业中来。梅杖子村有养牛基础，段国军和支部成员都有丰富的养牛经验，多年来通过发展养牛，他们收入明显提高，成为全村先富起来的一批人。但自己富不算富，全村富才是真正富。村两委班子成员针对每个贫困户的状况，一家一户地采取帮扶措施。在带领贫困户脱贫的过程中，村两委班子付出了很多心血和汗水，2016年段国军80岁的老母亲不慎将腿摔断，但段国军来不及照料老人家，匆匆地将她送到医院后，就忙着帮村民奔赴外地去买牛了。妻子生病时，因为忙于为村民培训养牛知识，顾不上给她做一顿饭。村领导成员的付出终于有了回报，通过坚持不懈的努力和脚踏实地的工作，越来越多村民被感动，加入养牛行列中。

目前，梅杖子村参与发展养牛的群众共有115户，养牛586头。其中，建档立卡户28户，养牛128头。华森养殖带动25户建档立卡贫困户，2017年5月华森养殖首批出售45头牛，回收资金50.48万元，利润10万元左右，收益较好。此外，为20户贫困户建设的分布式光伏发电项目也已并网发电。2016年底，全村57户184人全部实现脱贫。2017年又有一些农户脱贫。2018年计划全村建档立卡户养牛将达到300头以上，全村养牛将达到1000头以上，人均收入增加5000元，实现整体脱贫。下一步，村两委班子将在现有基础上进一步加大养牛产业发展力度，拉长养牛产业链条，谋划大牲畜交易市场筹建工作，充分利用独有的交通区位优势，让梅杖子村所有的养牛户，乃至全县的养牛户，买卖能够在家门口进行，这个交易市场的建成运行，将极大地推动全县乃至全省养殖业的发展。同时，村支部还打算建设一个大型粪便晾晒场，为生态种植制造有机肥料。他们相信，有党的好政策，只要村"两委"班子心往一处想，劲往一处使，梅杖子村全体村民到2020年将与全国人民一道共同步入小康社会。

情系农村，情系农民，上为政府分忧，下为百姓解愁，让党放心，让群众满意是梅杖子村党支部的奋斗目标和永恒追求。正如原辽宁省委书记李希所言，梅杖子村的实践和经验再次告诉我们，脱贫攻坚工作做得怎么样，关键在中央精神领会得透不透、各项政策落得实不实、贫困对象识别得准不准、贫困群众需求摸得清不清、脱贫路子走得对不对，关键在基层干部作风硬不硬、基层组织强不强。各级党委要把发挥基层党组织的战斗堡垒作用作为推进脱贫攻坚的关键来抓，在扶贫主战场锻炼干部、培养干部，以脱贫实绩考察干部、使用干部，让那些"想干事、会干事、能干事、干成事"的优秀干部在扶贫一线大显身手。

三 要通过产业扶贫来使农户脱贫，而且要选符合当地资源禀赋条件的产业

产业是发展的根基、脱贫的主要依托。产业精准扶贫是如期实现脱贫目标的重要举措，是其他扶贫措施取得实效的重要支撑，也是实现贫困人口持续稳定脱贫的根本途径。梅杖子村养牛基础较好，农民养殖经验丰富，饲料资源充足，此外，养牛技术标准要求低，风险小、收益高。山区发展畜牧业的条件很好，饲草饲料比平原地区容易获得，特别是发展草食动物养殖，如养牛、养羊、养兔，有很大的生产优势。村两委班子逐户征求意见，实地调研，最终确定了适合本村发展的繁育母牛养殖的脱贫致富项目。随后，成立了养牛脱贫致富合作社，将适合条件的建档立卡户纳为社员，在全省首先创建了"强党支部+脱贫合作社+建档立卡户"的

精准脱贫模式,并创造性地提出了"三帮"服务理念。扶贫先扶志,针对老百姓存在不想养、不敢养、不会养的懒惰思想现状,为了让建档立卡户树立养牛脱贫的信心,村两委班子成员积极做百姓工作,调动大家养牛的积极性和主动性。村两委班子为养殖户筹措资金,为养殖户建牛舍、赊饲料、购牛,全部亲力亲为,并免费为建档立卡户加工饲料。同时,村两委班子对28户建档立卡养牛户与村干部落实包保责任制,书记自己包10户,村主任包10户,支部委员包8户,并实行全方位、多元化管理,保证牛能够卖个好价钱。

具体做法如下。首先,把建档立卡养牛户加入由村书记为理事长的脱贫合作社,把所有和养牛相关的工作纳入合作社管理,通过合作社的平台最大限度保障建档立卡户利益;每户都有扶贫单位干部和乡驻村工作组干部点对点帮扶,在此基础上,针对养殖过程中各个环节,村党支部3名成员全程帮扶。然后结合县委、县政府出台的金融扶贫方案,协调金融部门解决资金问题。在农村信用社进行信誉担保贷款,并给予贴息的优惠政策。每户标准是3万元,贷款期限是3年,利率是5.226%,政府贴息标准是4%。所以,建档立卡户借贷前两年只需要还利息,每户每年还1567.80元。还清利息后,把利息单据送到县扶贫办核实,利用整合的扶贫资金进行贴息,贴息总额是1200元。各户的3万元贷款每年本户只需负担367.80元,三年后再把本金还清。合作社全程负责牛的饲养、防疫、疾病预防救治、买卖等各个环节。负责组织养牛专家给养殖户进行集中养殖培训,入户指导,答疑解难;在每年政府组织的春季防疫和秋季防疫的基础上，定期对建档立卡养殖户的牛进行疫情检查，同时给每头牛打上耳标，对每头牛的疾病情况进行精确管理；所有建档立卡贫困户买牛和卖牛都必须通过合作社统一管理。村书记、主任和村里有多年买卖牛经验的经纪人无偿帮助贫困户，在牛的品种上、品相上、价格上严格把关，保证养殖户利益不受损失。

四　大力发展集体经济

发展村级集体经济可助力脱贫攻坚。发展村级集体经济是实现贫困村摘帽、打赢脱贫攻坚战的迫切需要。村级集体经济是农村经济的重要组成部分，也是促进贫困村增产增效、贫困群众脱贫增收的重要基础。抓实贫困村集体经济，找准突破方向和着力重点，是推动贫困地区实现"输血"向"造血"转变、增强贫困群众自我发展能力的一剂"良方"。为实现全面建成小康社会，当前我们的脱贫攻坚工作已进入战略纵深阶段，而发展村级集体经济是人民增加收入的重要选择，比如推行"公司+合作社+农户"的发展模式，村民可以实现在家门口就业，这样就解决了村民外出工作和农田耕作的矛盾，并且公司（隶属集体组织）的成立和入驻能使农村的道路硬化、路灯等公共基础设施得到更好的改善，提高村民的生活质量，实现美丽乡村建设。习近平在《摆脱贫困》中更是明确地指出，发展集体经济是实现共同富裕的重要保证，是振兴贫困地区农业发展的必由之路，是促进农村商品经济发展的推动力。

发展村级集体经济有助于乡村振兴。当前,农村产业发展的组织化和专业化程度较低。村民单打独斗只可能使极少数富裕起来,而只有发挥集体的力量把村民组织起来抱团发展,才能有效应对市场经济竞争。只有走集体化发展道路,大力发展村级集体经济,才能把外出的村民吸引回来,才能把群众重新组织起来,培养一支职业化、专业化的新时代农民队伍。无劳动能力贫困户的脱贫是脱贫攻坚的难中之难、重中之重、急中之急。只有发展壮大村级集体经济,聚集体之智,举集体之力,才能补齐脱贫攻坚最后一块短板,不让一个群众在小康路上掉队。

村级集体经济的发展能很好地解决部分社会问题。由于经济发展的不平衡,很多地区农村的年轻劳动者为养家糊口、增加收入选择到经济发达地区务工。这些务工者一年当中大多在远离家乡的地方工作,不能照顾家中的老人和小孩,于是产生了许多空巢老人、留守儿童。据统计,我国3个未成年人中就有1个处于留守状态,平时关于这些老人、儿童受到伤害的报道并不鲜见。村级集体经济的发展是解决类似社会问题的重要方法。村民能就近工作,既能增加收入,还可以照顾家庭,从而提高人民的幸福感,有利于和谐社会建设。

在辽宁省广大农村,时至今日,村级集体经济为零的"空壳村"仍然普遍存在。受机动地严重不足、村集体资源匮乏等多种因素制约,和省内其他地区相比,葫芦岛市"空壳村"比例更高,而在葫芦岛市建昌县又名列前茅。

截至2016年底，葫芦岛市共有"空壳村"765个，占全市行政村总数的71.8%。梅杖子村曾经就是"空壳村"。"空壳村"是个什么概念？村集体的账上，一分钱也没有。而且，村集体两手攥空拳，既无资产，也无资源。"空壳村"的大量存在，严重制约农村其他各项事业的发展和农民生活水平的提高。向"空壳村"宣战，是一场考验胆识能力、检验责任担当的攻坚战！一年来，葫芦岛市委、市政府着眼打赢脱贫攻坚战、推动县域经济发展，坚持以党建为统领，以产业项目带动为突破口，大力推进企业、能人和项目进村，综合运用盘活村资源资产、用足用活农村政策、创新发展村级集体经济组织等多种措施，使全市村级集体经济得到迅速发展。2017年，葫芦岛市共消除"空壳村"321个，具有村级集体经济的行政村数量提高了30%。梅杖子村也在这场"战役"中实现了集体经济从无到有的突破。

专栏：集体经济发展关键在人

每天一大早，段国军都要赶到村集体的肉牛养殖场。尽管有专门的饲养员，但他还是不放心：料配多了容易拉稀，不长膘，还白搭料钱；料配少了营养跟不上，还是不长膘。所以，每次喂牛，他老盯着。

段国军是建昌县石佛乡梅杖子村党支部书记。因为村集体没一点积蓄，段国军凡事都精打细算：给牛打针，他自己买药自己打；买现成的玉米秸饲料，一捆需15元，他就带人去百里远的地方自己收，自己捆，全下来一捆合6元……

2017年4月,梅杖子村卖出了村集体的第一批55头牛,净赚10万元,这是30多年来,梅杖子村破天荒第一次拥有了村级集体收入。

如今在葫芦岛,有千百个像段国军这样的村党支部书记,正在为村级集体经济的发展壮大操心出力。

抓村级集体经济,葫芦岛市始终秉持一个信念,必须依靠党组织,特别是各级党组织书记,关键是村党组织书记这个带头人,"书记抓、抓书记"成为葫芦岛村级集体经济发展壮大最管用的经验。葫芦岛市各级党委和政府真正重视发展壮大村级集体经济,形成了各方合力抓落实的强大动力和有效机制,这是村级集体经济能够发展起来的根本保证。

2017年,葫芦岛市委把发展壮大村级集体经济作为建强基层堡垒、抓党建促脱贫攻坚的"龙头"工程来抓,无论大会小会,村级集体经济的话题始终不断。葫芦岛市通过党建引领,注重建强村支书队伍,为发展壮大村级集体经济打下了坚实的组织基础。

资料来源:《向"空壳村"宣战,葫芦岛发展壮大村级集体经济》,《辽宁日报》2018年1月4日。

五 激发贫困户的内生动力

梅杖子村的精准扶贫工作一直注重激发贫困户的内

生动力。正如前文所述,有些贫困户对于发展新产业是颇犹豫的,不过,这并不是他们不聪明或者说不会算计,其实这恰恰是算计的结果,只不过由于他们的视域有限,他们可驾驭的资本和技术水平有限。梅杖子村的领导集体在这点上做的工作着实不少,也非常扎实,那就是和农户一起算经济账。最终说服了绝大部分的贫困户,让贫困户认识到养牛是一个可以让自己富起来的事业。一旦内生动力得以激发,扶贫工作就成功了一半。正所谓"扶贫先扶志"道理也在于此。

理论延伸:为什么我们要相信小农户?

关于小农的讨论,曾经是学术研究的一个热点,对小农也形成了一些多样的看法。比如,在马克思主义者的眼里,小农是"旧社会的堡垒",是"日趋没落的",[1]他们过着"农民式的孤陋寡闻的生活",[2]他们落后、"保守"、"迷信"、"偏见"、"愚蠢地固守旧制度"、"就像一袋马铃薯是由袋中的一个个马铃薯汇集而成的那样"。[3]因而,他们是不适应社会的发展的,是必然要被淘汰的对象。与之相反,有些学者则认为小农能够最优化自己的行为,并非是"愚昧""落后"的。比如,舒尔茨认为,小农应该不是西方社会一般人

---

[1] 马克思:《资本论》(第三卷),人民出版社,2004,第578、47页。
[2] 恩格斯:《路德维希·费尔巴哈和德国古典哲学的终结》,载《马克思恩格斯文集》(第4卷),人民出版社,2009,第284页。
[3] 马克思:《路易·波拿巴的雾月十八日》,载《马克思恩格斯文集》(第2卷),人民出版社,2009,第566-568页。

心目中那样的懒惰和愚昧，或者说没有理性。相反，他认为，在传统农业的范畴内，他们能够对资源进行有效配置，即"在传统农业中，生产要素配置效率低下的情况是比较少见的"，① 小农作为"经济人"，毫不逊色于任何资本主义企业家。与舒尔茨类似，波普金也同意：小农是一个在权衡长、短期利益之后，为追求最大利益而做出合理生产抉择的人。而恰亚诺夫在对革命前俄国小农做了大量研究后，说明小农经济不能以研究资本主义的学说来理解，资本主义的利润计算法，不适用于小农的家庭式农场。基于没有外部市场、土地资源有限的假设，恰亚诺夫认为小农户会通过"自我剥削"来完成对资源的配置，即在有限的土地上投入过量的劳动。为什么农户会这样做呢？就是为了家庭的生存。为了家庭生存，可以让家庭所生产的边际产出大大低于平均产出。也就是说，只要总产量有增长，农户就会投入劳动。正是这种劳动集约，维持了农户家庭的再生产。黄宗智所言的"内卷化"实际上也讲了同样的事情，而且，在黄宗智看来，农户的兼业，或者说部分地参与商品生产，也没有让这种"内卷化"的趋势有所改变，而是加强了"内卷"。这是黄宗智研究近现代中国农业农村发展得出的结论。

实际上，舒尔茨和恰亚诺夫的论述都说明了农户的

---

① 〔美〕西奥多·W. 舒尔茨：《改造传统农业》，商务印书馆，2003，第29页。

理性，只不过目标函数和约束函数不同而已。第一种理性符合经济学中的经济理性，第二种理性也符合扩大意义上的理性。比如，为了多养育子女，子女只要有口饭吃就可以，不考虑休闲，愿意多投入劳动，不计算投入劳动的边际产出，在这些农户看来，壮大自己的家庭是最为重要的。其实，这两个理论是不矛盾的，它们是农户都具有的两个特征。在市场情况好的时候，他们肯定会计算投入产出，像一个企业家那样，当市场机会小的时候，劳动力没有充分的就业机会，但农户不是通过减少劳动力来维持较高的劳动生产率，而是通过密集型的劳动投入，来提高土地生产率，进而维持家庭人口的再生产或者扩大再生产。从某种意义上来说，这也是理性的，是合适的适应性手段。就像一个企业一样，在经济形势不好时，首先考虑的是活下来。但与家庭这种组织不同的是，企业是通过裁员等方式生存。但家庭不同，家庭作为基因竞争的单位，不可能自动地退出市场，必须要顽强地坚持下去。家庭组织成员进行劳动，可以通过命令进行，劳动可以不算成本。

关于小农的命运，一种是悲观的，如马克思等学者所认为的那样，小农最终会消失。在他们的分析框架中，小农是与封建生产关系联系在一起的，因为封建社会要被资本主义社会所代替，小农就必然要被资本主义关系加以改造。在他们的动态分析中，小农的命运是要么成为雇佣工人的农场主，要么成为失去土地等生产资料的产业工人，或者说是无产者，这里边包括农业工人。当然，大多数农民由于没有资本积累，主要都是成为无产者。而同时代的西斯蒙第、约翰·穆勒等古典经济学家则表现出对小农命运的乐观。穆勒通过考察瑞士、德国、挪威、法国、比利时、英法海峡群岛等地的自耕农表现，认为小农是能够适应新的生产力发展的，而且具有一定的优势。比如，他们认为，"小农常常具有很高的经验性技能，这种技能是通过日常仔细观察事物获得的。小农还具有丰富的传统性知识。""小农或自耕农拥有和耕种的土地，不仅其总产量高于少数大地主拥有而由租地农场主耕种的同一面积的土地，而且其扣除全部耕作费用以后的净产量也高于后者。""大农场主占用的土地，从某种意义上说，并没有得到充分的耕种。花在它上面的劳动也不像在小块土地上的劳动那么多。这并不是因为合作节省了劳动，而是因为使用的劳动愈少，相对于支出而言，收益也就愈高。自耕农甚或佃农在劳动成果全部归己时，会拼命干活儿，却不能指望被雇用的工人像他们那样拼命干活。"①

舒尔茨、恰亚诺夫、黄宗智等人也认为小农户具有生命力。比如，舒尔茨认为，农业的贫困不是农民的落后，而是农业投资效益低下，储蓄和资本不愿意流向农业。他不主张建立大规模农场，而认为通过家庭农场来改造传统农业是适宜的。恰亚诺夫认为，家庭农场与资本主义大农场相比具有优越性，并认为未来农业的主

---

① 〔英〕约翰·穆勒:《政治经济学原理及其在社会哲学上的若干应用》，商务印书馆，1991，第172、299、173页。

体应当是小农农场而不是"农业工厂"。黄宗智继承了恰亚诺夫的思想,认为中国未来农业发展的方向应该是基于小规模家庭的劳动与资本双密集型农业生产,而不是资本主导的"横向一体化"。

总体而言,我们也倾向于认为小农户不是"落后""愚昧""保守"的代名词,小农户具有较好的理性,能够拥有符合实际的决策能力,而且在经济社会发展中已经展现了他们的作用和价值。

资料来源:隋福民:《关于农民理性的一点思考》,载农业部农村经济研究中心当代农史研究室:《共和国农业史料征集与研究报告·第十九集》,2013。

第四章

未来发展的建议

梅杖子村的精准扶贫工作做得还是非常好的。目前，成绩也很显著。相信梅杖子村一定不会拖"全面建设小康社会"的后腿。而且，更令人欣喜的是，梅杖子村找到了产业发展的路子，产业发展对于农村来说是更为重要的。正如中国乡村振兴战略所言的那样，产业振兴是乡村振兴的首要任务。产业振兴了，乡村就发展了，乡村发展了，贫困户自然就没有"机会"贫困了。着眼于乡村振兴，我觉得梅杖子村的脱贫工作还应该有2.0版，1.0版的主要目标是全面脱贫，2.0版的主要目标是全面现代化。为此，我们提如下几点建议。

一 产业发展还要进一步深化，同时创新形式，与人居环境改善结合起来

大力发展养牛业，增加村民经济收入，实现脱贫致富，梅杖子村这条路算是走通了。不过，从产业发展的角度看，目前还处于初级阶段。因为养殖还是以散养为主，各家各户都有一个牛圈，有的距离居住的地方还非常近，味道、蚊蝇等问题比较严重，这不符合人居环境改善的标准。出售主要依靠上门贩子拉运，或者自己去找市场，普通农户对周边市场无掌握，只靠村两委班子。应该说，合作社经营已经有了雏形，为下一步大规模、集约化生产奠定了基础，但还有一些工作要做。总而言之，梅杖子村要在省、市、县、乡支农惠农政策的引导下，按照标准化生产、集约化经营、产业化发展的整体思路，精心组织，科学规划，建立养牛专业合作社，建立完善销售网络，确保产出、销路和收益。同时，要充分利用农闲时间组织村内部分群众外出考察，学习技术，获得知识，同时解放思想，转变思路，实现规模养殖。一方面促进产业升级，另一方面改善人居环境，符合乡村振兴的大思路。

二 准确把握发展农村集体经济的方向，大力发展集体经济

村级集体经济是社会主义市场经济的重要组成部分，是提高农民组织化程度的重要载体，是坚持和完善统分结合的双层经营体制的制度基础。发展壮大村级集体经济，

需要在农村改革和发展的过程中不断解放思想，打破旧有思维桎梏，通过开放共享、产业融合、模式再造等，积极探索集体经济的多种实现形式，特别要积极探索发展村级集体经济的多种途径。

新时期发展农村集体经济，首先要明确哪些是集体资产、哪些是集体经济组织成员、集体收益如何分配等问题。其次是要建立适应市场经济体制的农村集体经济组织及相应治理结构，这些都跟过去发展农村集体经济有很大不同。最后，发展农村集体经济必须把握几个基本原则：一是任何情况下都不能把集体所有的土地搞没了，不能把集体经济搞垮了；二是要防止集体经济被内部少数人侵占支配、被外部资本吞并控制；三是要尊重群众意愿，确保农民群众成为参与者和受益者；四是要根据实际选择适合的发展路径和发展模式。

首先要引入外力，探索村级集体资产增值新路径。新形势下发展村级集体经济要坚持开放共享的理念，凭借自身资源与地缘优势，引入工业资本、外来资本，实现共同发展、合作共赢。在广大农村，集体资产包括农民集体所有的土地、森林、山岭、草原、荒地、滩涂等资源性资产，用于经营的房屋、建筑物、机器设备、工具器具、农业基础设施、集体投资兴办的企业及其所持有的其他经济组织的资产份额、无形资产等经营性资产，用于公共服务的教育、文化、卫生、体育等方面的非经营性资产。上述三类资产是农村集体经济发展的重要物质基础。目前最大的问题是，由于多种限制，农村集体资产不能向资本转化，无法与现代资本市场体系有效对接，成为无法利用或利用成本很高的低质资产。从资产价值来看，目前村集体最具利用价值和增值空间的资产当属土地资产。应抓住目前窗口期，大力推进现代农业经营体系建设，使村集体在农业土地流转中发挥主导作用，实现资产盘活和资本增值，这不仅可行而且很有必要。

其次要产业融合，探索村级集体经济发展新业态。村级集体经济的发展壮大必须突破单一农业发展限制，通过三次产业融合发展，拓展经营性收入来源。村级组织应整合自身资源优势，因地制宜，探索生产性服务、电商、旅游、健康、物业等产业与集体经济融合发展的新型业态。在土地、林地、滩涂、水面等资源优势村，以集体经济组织为主导把农民有序、合理地组织起来，大力发展设施农业和特色农业，形成规模优势，并通过"集体+生产服务"模式，大力发展生产性服务业，村集体以提供统一管理、有偿服务等形式，领办创办各类服务实体，为农民提供技术、信息、物资、流通、仓储等服务，对农民专业合作社或企业提供产前、产中、产后等有偿服务，增加集体经营性收入。

最后要模式再造，探索村级集体企业经营新模式。要真正把集体经济搞好，实施集体经济产权制度改革很有必要。股份制是发展村级集体经济的有效模式。该模式通过整合农村土地资源、森林资源、劳动力资源、旅游文化资源，以及财政投入到村的发展类资金（补贴类、救济类、应急类除外）等，采取存量折股、增量配股、土地入股等多种形式，推动农村资产股份化、土地股权化，盘活各种资源要素，形成资源叠加效应，提高资源利用率。由此获得的经营性收入按股份的多少向全体村民提供各种福利待遇，按约定留存的部分可作为村级组织公共支出经费。

三 提高教育水平和知识水平，逐步改变某些文化

文化素质和贫困之间有较强的关联，素质高的农户经济收入高，相反，素质低的农户则更容易陷入贫困，因此，提高贫困人口的文化素质对扶贫攻坚的现实意义重大。首先要因地制宜，建立符合当地经济发展的教育模式；其次要提高农业科技人员的综合素质和能力，为广大农民掌握现代化的农业科技知识和技能提供人员保障；最后要加强农业技术培训，培养一批觉悟高、懂科技、善经营的新型农民。

东北的随礼习俗不利于经济发展。这一地区随礼负担太重。到处都是各种各样的份子钱。在县城在农村这种随礼文化已经普及了。钱在人们口袋里转来转去，礼金越来越大，人情越来越薄，许多钱浪费在一桌桌酒席上（很多酒席上的菜吃不了几口，就倒掉了），这种环境对发展经济是非常不利的。

四 分类施策还要有

该村的低收入户，大致分为两大类：一类是"可造血型"，另一类是"需输血型"。"可造血型"低收入户是指

图 4-1 梅杖子村的村规民约

家庭中有劳动力，有能力通过自身的劳动脱贫。对这类低收入户，主要考虑从就业、创业方面进行帮扶。帮助就业有两种可用形式。①充分利用本村的种养大户，给予他们更多的优惠政策，增加他们对低收入户劳动力就业帮扶的积极性，让低收入户劳动力能从当地得到稳定收入。这样既帮助了低收入户通过自身劳动解决贫困问题，又能促使他们掌握一到两门实用技术，为有条件的低收入户的创业积累经验。②对外劳务输出，对低收入户家庭中那些能外出打工，又找不到途径的劳动力，把他们组织起来，根据用人单位的需要进行岗前培训，统一管理、安排就业。"需输血型"低收入户是指家庭中没有劳动力的低收入户。这类低收入户多为"五保户",还包括部分病残、因小孩上学致贫的低收入户,他们是社会的"弱势群体",无生存的本领,无经济来源。对这类低收入户的帮扶,需着重从政策方面入手。第一,民政部门要向他们提供最低生活保障,做到应保尽保,并不断提高最低标准。第二,政府还要通过财政预算、向社会募捐等方式,为他们建立各类生存保障基金,不断提高这部分低收入户的生活待遇和质量,让他们"老有所养、病有所医、学有所教"。

五 发展农村金融,为农户致富提供新的生产要素

完善建昌县农村金融体系。首先,农村金融机构需要树立为人民服务的理念,树立现代农业意识,这需要正规金融机构摆好姿态,发挥榜样带头作用。农村商业性银行需要多在农村设立网点,将经营的触角真正深入农村,建立服务对接机制和窗口,增加农村分支机构的信贷审批权;针对农村特点推出相应的金融产品,满足具有不同需求的农民朋友,实现资金有效供给,加大贷款的比例和力度;同时,对信贷的模式进行创新,对象的不同使利率也不同,做到具体问题具体分析,并且降低评级标准,建立适合建昌县农村经济发展的模式。其次,对非正规金融机构采取合理的引导机制,建立市场准入机制,允许合法的民间金融组织的发展,实现全方位多元化的金融支持。也可以让发展不好的金融机构及时退出农村市场,使农村金融市场的秩序越来越好,减少风险隐患。

发挥建昌县政府的导向作用。政府应发挥其导向作用，完善农业保险的发展，尽快出台与中央颁布的《农业保险法》相匹配的资金扶持政策，在保障政策性保险的同时，推动商业保险的发展。建立民间资本进入农村市场的准入机制，改善其地位和环境，给予一定的资金补助，从而促进民间资本的合理有效发挥。改善农村金融生态环境，加大诚实守信宣传力度，对于失信行为加大严惩力度，确保金融支持处于良好的氛围中。

优化建昌农村市场环境。首先，完善农村金融产品，提升金融创新能力，加大金融支持力度。对于国有商业银行来说，省行应该全面调研各地农村的实际情况，制定适合辽宁农村发展的产品。对于有自行设计产品的农村金融机构来说，要挖掘专业的设计人才，提升技术水平，设计满足农民需求的产品，避免抄袭与模仿；其次，适时放宽农民贷款抵押担保物限制，可以借鉴美国的做法，农民可以将农产品本身作为抵押物，或者政府解决担保问题。控制不法金融机构私自发放不良贷款，制定严惩的方案，以便减少不良贷款率，从而降低市场的风险隐患。

理论延伸：舒尔茨给我们带来了什么思想？

"一旦有了投资机会和有效的鼓励，农民将把黄沙变成黄金。"舒尔茨这句话，可谓画龙点睛，使《改造传统农业》本书的主旨一目了然。《改造传统农业》是关于发展中国家农业问题方面的最重要的一本著作。作者反对轻视农业的看法，强调现代化农业对经济增长的作用，并从三方面进行了分析：传统农业的基本特征是什么，传统农业为什么不能成为经济增长的源泉，如何改造传统农业。全书对发展中国家农业问题的论述正是围绕这三个问题展开的。

在刘易斯著名的二元经济结构模型中，农业的作用只是为工业扩张提供免费的劳动力。舒尔茨坚决反对轻视农业的观点，在他看来，农业绝不是那么消极无为，相反，它可以成为经济增长的原动力。但舒尔茨同时也强调，对于经济增长，传统农业很难作出什么贡献，只有现代化的农业，才可以推动工业的发展。因此，如何把传统农业改造成现代化农业，也就顺其自然地成了要讨论的中心问题。传统农业究竟"传统"在哪里呢？舒尔茨认为，在漫长的封建社会里，统治者为了维护自己的切身利益，竭力阻碍技术进步，压制工业发展，农民变革屡受打击后，思想被禁锢、安于现状、墨守成规，对技术创新失去兴趣。他们世世代代使用相同的生产要素，技术水平无法得到提高，不可能进一步增加产量。这是传统农业的基本特征，导致的后果是生产率低、产出低，收入自然就微薄，生产出来的东西，除了满足温饱外，所剩无几。但这是否就意味着资源配置效率低呢？

许多政府官员和经济学家认为农民之所以贫穷，是农民没有经济头脑，又缺乏管理知识，不能充分利用现有资源。还特别强调，如果派专家深入农村中去，把农民组织起来，帮助他们重新配置现有资源，采用西方先进的生产技术，那么，效率可以大幅提高，产量也会随之增加，贫穷落后的农村就可以因此改变。舒尔茨却不这么认为，他认为，在传统农业中，农民并不愚昧，他们精明能干，锱铢必较，时刻盘算着怎样才能少投入、多产出，生产要素在他们手里，被配置得恰到好处，达到了最佳状态，即便是学识渊博的专家，也不可能再作哪怕是一点点改进。所以，企图通过重新配置现有资源，来改变传统农业，是无法实现的。既然传统农业资源配置合理，那它为什么停滞不前，不能成为经济增长的动力呢？一般认为，这是因为农民铺张浪费、没有节约的习惯，特别是婚丧喜事大操大办、逢年过节铺张浪费；另外，缺少精明、善于投机的商人，所以储蓄少、投资低。但舒尔茨认为，投资低的现象的确存在，但其根源不在于储蓄少或缺少企业家，而在于投资收益率太低，刺激不了人们投资的积极性，结果传统农业毫无生机。

作为改造传统农业的关键因素，新的生产要素，有供给者，也有需求者。供给者开发新的生产要素，并提供给农民。由于气候、土地等条件的限制，发达国家的农业生产资料，对于发展中国家来说，不是拿来就可以用，而是要经过研究和改造，才能使之适应传统农业社会。能够担当起这一重任的，就是新生产要素的供给者。不仅如此，他们还可以利用现有的科学知识，生产出新的生产要素。舒尔茨认为，是这些新生产要素的供给者掌握着经济发展的"钥匙"。早在几年前，中国社会科学院社会学研究所曾做了一个关于社会中人们对各类职业评价的问卷调查。调查结果中排在最后一位的是农民工，没有人选择农民。研究者痛心疾首地指出，之所以有人选择农民工，不是他们真的喜欢，而是因为他们没有其他更好的选择。改造中国的传统农业已刻不容缓，三农问题，已喊了多少年，但农民没有从中受益多少。或许，我们从开始的思路就剑走了偏锋。改造传统农业，是一项宏大的工程，而不是简单地写在纸上、流于会议的几点认识、几点主张上。

如果从学术的视角来看，或许我们的说法更有说服力。有人以为改造传统农业，就是农业的机械化。的确，改造传统农业需要机械，但未必是机械化，因为我们不能不考虑自己的实际情况。正如舒尔茨所指出的，改造传统农业的关键在于提高农业的边际收益，而如何提高则是一个必须回答的难题。提高农业的边际收益，涉及各个方面，有改造农业整体环境的努力，有提高农民素质的努力，还有改善农业经营方式的努力等。而这些正是舒尔茨在《改造传统农业》中向我们介绍的，他从划分农业的生产活动出发，研究了传统农业与现代农业的分界，指出了"技术状态必须得以改变，否则一切都是空谈"。舒尔茨从多方面对传统农业的边际收益作了论证，提出以供给和需求的概念对持久收入流来源的价格加以分析，推出改造传统农业就是向农业投资。而如何向农业投资，采取什么形式最佳，都必须从中国的实际情况出发。当然作为人力资源管理专家的舒尔茨，似乎更青睐对农民的投资。的确，人作为劳动力的所有者，必将影响着劳动力的发挥，即对生产要素的最大效益开发，农民就是"救世主"。书中舒尔茨的最大贡献无疑是将人力资本加入资本的行列，把对农业进行投资的传统"资本"概念扩展了，也是具有意义的。而对人力资本的投资，必然会为技术的变化积累条件并最终促成技术进步，而技术进步带来的经济发展又会反过来继续对人力资本追加投资；这样一个因果循环关系是否产生这个问题：技术进步对经济发展的影响与人力资本对经济发展的影响，哪个更为本质，它们之间的关系又是怎样的？舒尔茨还指出，西欧早期工业化中，没有文化的劳动者的确功劳不小，但这是因为当时资本极为缺乏，而且技术水平低下。在当今新时代的社会，此路已行不通。如果农民素质跟不上物质资本的要求，传统农业不可能旧貌换新颜。他做了一个设想：如果像印度这样的穷国，在一夜之间获得了美国那样先进雄厚的物质资本，那么仅靠现在的技术水平和知识储备，印度农民能应用自如吗？显而易见，物质资本和人力资本之间的鸿沟实在太大了。在人力资本投资中，学校教育是最大的一块。当农业是依靠开辟新土地、拓宽市场而促进增长时，学校教育起不了多大作用，但当技术进步成为推动农业前进的主导力量时，学校教育就至关重要了。

按照成本收益分析，初等教育最为有利，因为成本最低，而学生完成初等教育后，就不再是文盲了，他们能够读书看报，这可以大大降低普及农业技术、推广农业信息的成本。但在农业现代化过程中，农民必须具有较高的文化素质，否则就会阻碍农业进步。舒尔茨乐观地指出，农业可以成为经济增长的发动机，这已不容置疑。但是，政府必须向农业投资，这不仅要注意投向，还要对农民给予指导和鼓励。

资料来源：《〈改造传统农业〉读书报告》，https://www.doc88.com/p-9408119959361.html。

附 录

附录一　建昌县外出务工人员情况*

建昌是经济欠发达县，2017年末全县共有62.46万人，有劳动力29.01万人。全县第二、三产业基础薄弱，企业少，吸纳就业能力非常有限。据有关部门统计，2017年全县劳务输出10.02万人，占全部从业人员的34.54%。外出务工收入是本县大多数家庭生活的主要经济来源。这些外出务工人员的就业状况直接关系我县多数家庭的生活质量。

一、外出务工人员特点

1. 从务工地域分布上看，省内主要以沈阳、大连为主。省外以北京、天津、广州、深圳、秦皇岛和山东等经济较为发达地区居多。

2. 从务工所从事的行业来看，大多以劳动密集型产业为主。我县外出务工依然以普工为主，年均纯收入3.0万~5.0万元，总体水平偏低。从事的行业大多集中在建筑业、制造业、餐饮业和家政服务业等，多数为劳动强度大、技术含量低的工种。

3. 从外出从业人员构成来看，外出从业人员男女比例在1.3∶1左右，年龄在20~55岁；外出从业人员文化程度以初中学历为主；务工人员从过去的以壮劳动力为主发

---

* 资料来源于葫芦岛市统计局，2018年7月11日。

展为夫妻或者家庭成员结队的方式。从外出意愿上看，外出从业已经不仅仅是一种增收手段，对于年轻务工者来说，能够在发达地区站稳脚跟，买房置业已经是主要奋斗目标，夫妻两人带着孩子常年在外务工已经成为常态。

二、外出务工人员存在的问题

1. 外出务工方式带有盲目性。外出人员基本以亲朋好友介绍或者往年外出目的地为主。信息不畅，盲目跟风，是务工存在的较大问题。多数务工人员并不知道哪里、什么单位需要多少什么样的工人，自己也不知道能否找到工作，而盲目涌向大中城市。

2. 缺乏社会保障。外出务工者的劳动权益得不到应有保障。虽然国家对务工工资、维权等方面的重视程度不断加强，务工人员的工资、福利待遇等权益问题正在得到改观。但是，务工者劳动权益得不到保障的问题依然严峻，不按规定与务工者签订劳动合同的现象普遍存在；不良雇主长期欠薪时有发生。

3. 务工人员的整体素质相对较低。大多数外出务工人员的文化素质总体上偏低，并且没有一技之长，难以适应现代产业发展的要求。面对完全陌生的现代化流水线作业，完全不能适应，只能找些技术含量低、劳动强度大的工作。

4. 务工者的流动性大，难以在当地扎根，就业难度大。大多数外出务工人员都是抱着"赚钱就干不赚钱就换"的心理，三两年换一个打工地方，甚至几个月就转工，赚了钱就走，不受当地"管辖"。近几年来，受国家大环境的影响，建筑业工程量缩减，房地产业跌入低谷，以及现代企业科技进步，用工技术含量增加，使一些外出务工者的就业机会减少，就业难度加大。

三、对外出务工工作的几点建议

1. 加强组织，广泛宣传，为务工人员提供翔实可靠的就业需求信息。要充分发挥劳动就业部门及中介机构的作用，通过电视、报刊、手机、网络、招聘会等多种渠道发布用工需求信息，减少农民工外出的盲目性，引导农民工有序稳定外出。我县近几年已成功举办多次招聘会，提供了省内外部分用工岗位，成果显著，也积累了丰富的经验。

2. 继续为农民工就业做好保障。一是逐步实行城乡平等的就业制度，建立平等竞争的劳动力市场，为城乡劳动者提供平等的就业机会。二是进一步完善劳动合同制度，继续健全医疗保障制度和养老保险制度，确保外出务工者的社会保障权利。

3. 加强技能培训，提高务工者的整体素质。一是鼓励培训机构加强市场调查，培训市场紧缺技能人才。为广大农村劳动力提高技能，增强就业能力。二是制定和完善长远乡村教育规划，像抓基础教育那样抓好劳动技能教育，从根本上改变乡村劳动力低素质、低层次的格局。

附录二 2018年建档立卡贫困户小型家庭产业脱贫项目补助实施方案[*]

为深入贯彻落实党中央国务院、省委、省政府关于全力打赢脱贫攻坚战的决定，按照精准扶贫、精准脱贫的工作要求，引导和鼓励建档立卡贫困户通过发展小型家庭产业脱贫项目、实现增收脱贫的目的，制订此方案。

一、指导思想

以精准扶贫、精准脱贫战略思想为指导，紧紧围绕"六个精准、五个一批"工作核心，以贫困户发展小型家庭产业脱贫项目为重点，以财政专项扶贫资金补助为推动手段，旨在提高建档立卡贫困户经济收入，实现脱贫目标。

二、工作原则

（一）项目覆盖、据实补助原则。2017年以来的建档立卡贫困户，凡是发展小型家庭产业脱贫项目并符合补助条件的都可以享受补助政策。各乡（镇）要充分做好项目选定、组织实施、资金筹措、监督管理等工作，县扶贫办

---

[*] 资料来源于建昌县政府网，2018年4月2日。

要据实下拨产业发展补助资金。

（二）公开公示、接受监督原则。坚持扶贫项目资金公开公示制度，广泛接受社会监督，确保贫困群众的知情权、参与权、监督权不受侵害。

三、补助对象

对2017年以来的建档立卡贫困户已实施的"两小"脱贫项目即小型家庭养殖项目、小型家庭种植项目予以补助。

四、补助条件及标准

（一）贫困户使用自有资金或扶贫贷款发展的小型家庭养殖项目符合下列条件的均可享受补助，由社会捐赠、大户带动等方式发展的小型家庭养殖项目不享受补助。

1. 饲养牛、驴、马等大牲畜的，当年存栏1头补助1000元，存栏2头以上补助2000元，每户补助最多不超过2000元；

2. 当年存栏可繁育母猪1头以上（含1头）或育肥猪5头以上（含5头），每户补助1000元；当年存栏可繁育母猪达到2头或育肥猪达到10头每户补助2000元，每户补助最多不超过2000元；

3. 当年存栏羊5只以上（含5只），每户补助1000元；当年存栏达到10只以上，每户补助2000元，每户补助最多不超过2000元；

（二）符合下列条件的均可享受小型家庭种植项目补助，已享受其他部门资金或物资补助的不再列入此次补助范围（金融扶贫贷款贴息除外）。

1. 正在经营的自有蔬菜大棚1栋以上（含1栋，长60米），每户补助2000元；

2. 当年种植杂粮（玉米除外）、两茬作物等高效经济作物每亩补助500元，每户补助最多不超过2000元；

3. 现有核桃树达30株每户补助500元；现有梨树、苹果树、桃树、山楂树达100株每户补助500元，每户补助最多不超过2000元。

小型家庭养殖项目补助资金主要用于圈舍建设和购买饲料；小型家庭种植项目补助资金主要用于购买种子、种苗、化肥等生产资料。一个贫困户有两个（含两个）以上项目的只对一个项目进行补助。

五、工作流程

（一）项目安排。各乡（镇）要按照"一户一策"的要求，坚持把项目落实到每一户，鼓励和帮助贫困户增加种养项目。动员贫困户通过信贷、社会帮扶、大户带动等不同方式解决资金投入问题，实现项目早安排、早落实。

（二）跟踪管理。各乡（镇）要切实加强对建档立卡贫困户实施的小型家庭养殖项目和小型家庭种植项目进行跟踪管理，为落实贫困户小型家庭产业脱贫项目补助夯实基础。必须做到项目真实合理、成效明显。

（三）项目验收。各乡（镇）要组织扶贫办、财政所等有关人员，对符合补助条件的贫困户及其"两小"项目进行日常检查，并认真填写《贫困户小型家庭养殖项目验收报告单》和《贫困户小型家庭种植项目验收报告单》，进行为期7天的公示，公示无异议后申请拨付补助资金。

（四）资金拨付。乡（镇）需将验收情况上报县脱贫办，县脱贫办各片区按一定比例随机抽查，抽查合格后据实拨款。乡（镇）财政所或农经站要将补助资金以"一卡通"或现金直发（留存领取人签字表和发放照片）直补到户。

（五）申报及验收时间。建档立卡贫困户小型家庭产业脱贫项目经乡镇验收后、上报到县脱贫办时间截止到7月1日前，县脱贫办验收时间截止到10月1日前。

六、资金监管

项目实施主体为建档立卡贫困户，资金监管责任主体为乡（镇）、村。乡（镇）党委书记和村党支部书记为第一责任人，乡（镇）长和村委会主任负有同等责任，分管扶贫和财务工作的副职领导为直接责任人。乡村干部要牢固树立扶贫资金"高压线"意识，严禁挤占、挪用扶贫资金；严禁对非贫困户进行补助；严禁对不符合补助条件的贫困户进行补助；对虚报冒领、骗取扶贫资金等违规违纪行为，一经发现严肃处理。县扶贫部门和财政部门要认真负责，切实搞好日常巡察和督导，确保补助资金直补到户，发挥扶贫资金的使用效益。

参考文献

〔俄〕A.恰亚诺夫:《农民经济组织》,萧正洪译,中国编译出版社,1996。

〔荷〕扬·杜威·范德普勒格:《新小农阶级:帝国和全球化时代为了自主性和可持续性的斗争》,潘璐等译,社会科学文献出版社,2013。

〔美〕保罗·皮尔逊:《回报递增、路径依赖和政治学研究》,载何俊志、任军锋、朱德米编译《新制度主义政治学译文精选》,天津人民出版社,2007。

〔美〕道格拉斯·C.诺思:《制度、制度变迁与经济绩效》,杭行译,格致出版社、上海人民出版社,2016。

〔美〕黄宗智:《华北的小农经济与社会变迁》,中华书局,2000。

〔美〕黄宗智:《长江三角洲小农家庭与乡村发展》,中华书局,2000。

〔美〕黄宗智:《中国的隐性农业革命》,法律出版社,2010。

〔美〕富兰克林·H.金:《四千年农夫:中国、朝鲜和日本的永续农业》,程存旺、石嫣译,东方出版社,2011。

冯贵盛:《关于辽西贫困地区生态建设与脱贫致富的对策研究》,《社会科学辑刊》1990年第3期。

宫留记:《政府主导下市场化扶贫机制的构建与创新模式研究——基于精准扶贫视角》,《中国软科学》2016年第5期。

孔祥智:《乡村振兴的九个维度》,广东人民出版社,2018。

林毅夫:《制度、技术与中国农业发展》,上海人民出版社,2005。

刘和旺:《诺思制度变迁的路径依赖理论新发展》,《经济评论》2006年第2期。

刘建生、陈鑫、曹佳慧:《产业精准扶贫作用机制研究》,《中国人口·资源与环境》2017年第6期。

施红:《精准扶贫与中国特色发展经济学研究》,经济日报出版社,2018。

隋福民:《"培育新型农业经营主体"不可忽视的四个维度》,《新视野》2016年第5期。

隋福民:《"小农经济"对接现代农业是中国农业现代化道路的基石》,《宁夏党校学报》2019年第1期。

隋福民:《干沟子村的发展与变迁——辽西农民生产与生活的历史缩影》,中国社会科学出版社,2015。

汪三贵、刘未:《"六个精准"是精准扶贫的本质要求——习近平精准扶贫系列论述探析》,《毛泽东邓小平理论研究》2016年第1期。

汪三贵、刘未:《以精准扶贫实现精准脱贫:中国农村反贫困的新思路》,《华南师范大学学报》(社会科学版)2016年第5期。

徐勇主编《反贫困在行动:中国农村扶贫调查与实践》,中国社会科学出版社,2015。

S. Popkin, *The Rational Peasant: The Political Economy of Rural Society In Vietnam*(Berkeley: University of California Press,1979)。

后　记

农村调查很重要。革命时期，毛泽东就强调"没有调查，就没有发言权""不做正确的调查同样没有发言权"。今天这些话仍有极大的指导作用，我们作为国家智库的一员，需要给党中央、国务院提供政策上的建议，如果不注重调查研究，不注重扎实的调查研究，很可能就做出错误的判断，提出不当的建议。早在20世纪30年代，我们共产党人就非常注重调查，包括毛泽东、张闻天等党和国家领导人。除此之外，以陈翰笙为领导的一批地下党员也在各自的岗位上努力进行调查实践，并且得出了一些正确认识，为中国革命同样做出了贡献。他们对调查研究的感悟对我们在新时代进行农村经济调查有极大的启示。

首先，搞调查从来就是不容易的。不论何时，由于调查是面对面，总有一些被调查者心有顾忌或者认为调查之事不重要，糊弄一下就完事了。20世纪30年代如此，今天依然如此。我们看那时的"无锡、保定农村调查"材料，发现那个时代的调查也是克服了很大困难的。比如，在当时所调查的前章村，姓朱的最多，朱姓的势力可以笼罩全村；朱家的图董，朱家的地保，一句话可以使全村的农民拒绝调查。虽然也曾开会宣传，私人联系，结果还是没有效的，最后利用政治力量，请县政府发一张布告，晓谕农民，另行把谕单给图董。这样他们没有反抗的能力了，才一家一家让去调查。

"到贫苦的佃、雇农家去，他们不是说没人在家，就是说不懂得"，在茶馆中开一个座谈会时也让调查对象"大骂我们是'脚客'（即为地主绅士跑腿的），说我们调查他们不怀好意，是要准备抽丁加税的"，"在任巷调查时，男人不出面，却指使妇女们出来，对我们嬉笑怒骂，无所不至，后来甚至用刷马桶的扫帚向我们调查员的头上乱画"。① 尽管遇到了很大困难，但他们采取了一些办法，比如请地保、乡村小学教员出面沟通解释等，才使调查得以顺利进行。

正是调查人员的努力，才让调查的一些成果可靠。正如陈翰笙本人所言，"主持和参加'无保调查'的很多人是学者；这些学者信奉马列主义，在思想感情上接近中国共产党，但他们也是严肃的学者；他们不是要制造事实以证明自己的论点，而是要在实践中证实自己的观点；他们真心相信只有进行土地革命才能真正解决中国的农村问题，并力求通过认真、扎实的实地调查来证明自己观点的正确；因此，在整个调查的设计和进行中，他们都是非常严肃认真的"。②

---

① 陈翰笙：《四个时代的我：陈翰笙回忆录》，中国文史出版社，2012，第45页。
② 张丽：《中共土地革命理论的学理论证和调研》，《中国社会科学报》2014年4月18日。

其次，搞调查是很重要的。认识一个地区和国家，离不开调查。陶孟和曾言："我向来抱着一种宏愿，要把中国社会的各方面全调查一番。这个调查除了学术上的趣味以外，还有实际的功用，一则可以知道吾国社会的好处，例如家庭生活种种事情，婚丧祭祀种种制度，凡是使全体人民生活良善之点，皆应保存；一则可以寻出吾国社会上种种坏处，凡是使人民不得其所，或阻害人民发达之点，当讲求必良的方法。"① 诚然若是，今天虽然我们已经走在中华民族伟大复兴的道路上了，但一些制度上的弊端仍然存在。我们要改变之，则必须通过仔仔细细的调查方可以实现。

带着这些感悟，作为新时代的一名调查者，我也完成了辽西一个小山村梅杖子村的调查。调查之后总要有个结果。因此回来的任务就是撰写报告。有些东西看到了、听到了，但是要把它变成文字，还是需要一番功夫的。梅杖子村没有任何历史资料，对其历史的追溯是困难的。好在其是一个辽西山村，与我们的家乡阜新市的干沟子村很像，加上没有语言障碍，才得以勾画出一些过去的场景。后来又不断地通过电话、微信与这里的干部、百姓进行进一步的沟通和确认，才最终完成了这本书的撰写。尽管篇幅不是很长，但已经把我所了解的信息以及感想、感悟呈现了出来。辽西山村是穷的，尤其对于一个贫困村来说。这里的干部努力了，希望能培育村里的产业，从而带

---

① 陶孟和：《孟和文存》，上海亚东图书馆，1925，第112页。

动这里的人们致富。应该说，他们选择的产业是符合这里实际的，目前的成效也还可以，当然还谈不上很富有。我去过很多地方调查，也看过很多农村。总体上看，东北落后了，东北的农村发展也是相对滞后的。与那些毗邻工业化城市的农村相比，这里的村民没有那么多的非农就业机会。与沿海地区相比，这里（虽然离海也不远）远远不是贸易经济，与海的联系似乎不大。这里依然有浓重的山的色彩。这里代表了辽西山村，代表了一大批人的努力。然而，未来的路依然漫长。

未来的山区农业在互联网的条件下怎么搞，山区的畜牧业如何与最新的互联网技术结合起来，怎样利用互联网平台让精准扶贫精准脱贫持续发力，等等；这些问题似乎还需要研究者与当地的干部、百姓继续共同探索。

再次感谢梅杖子村党支部和村委会以及这里朴实的百姓。

我也为梅杖子村送上美好的祝福，希望有机会与他们继续前行！

隋福民

2020 年 7 月 26 日

图书在版编目(CIP)数据

精准扶贫精准脱贫百村调研.梅杖子村卷：党支部引领的产业扶贫之路/隋福民著.--北京：社会科学文献出版社，2020.10
　ISBN 978-7-5201-7504-3

　Ⅰ.①精… Ⅱ.①隋… Ⅲ.①农村-扶贫-调查报告-建昌县 Ⅳ.①F323.8

中国版本图书馆CIP数据核字（2020）第204218号

·精准扶贫精准脱贫百村调研丛书·
精准扶贫精准脱贫百村调研·梅杖子村卷
——党支部引领的产业扶贫之路

著　　者 / 隋福民

出 版 人 / 谢寿光
组稿编辑 / 邓泳红
责任编辑 / 吴云苓　张　超

出　　版 / 社会科学文献出版社·皮书出版分社（010）59367127
　　　　　地址：北京市北三环中路甲29号院华龙大厦　邮编：100029
　　　　　网址：www.ssap.com.cn

发　　行 / 市场营销中心（010）59367081　59367083
印　　装 / 三河市尚艺印装有限公司

规　　格 / 开　本：787mm×1092mm　1/16
　　　　　印　张：12.25　字　数：120千字
版　　次 / 2020年10月第1版　2020年10月第1次印刷
书　　号 / ISBN 978-7-5201-7504-3
定　　价 / 59.00元

本书如有印装质量问题，请与读者服务中心（010-59367028）联系

▲ 版权所有 翻印必究